企业高技能人才职业培训系列教材

ZHONGDIANANBAORENFANG(YIYUAN)

重点安保人防

（医院）

编审委员会

主　　任　仇朝东

委　　员　顾卫东　葛恒双　葛　玮　孙兴旺　刘汉成

执行委员　孙兴旺　瞿伟洁　李　晔　夏　莹

本书编审人员

主　　编　赵渊明

副 主 编　陶焱升　汤　军

主　　审　孙廷华

编　　者　孙　亮　李　凌　张　欣　赵静怡　丁　宁　李长生　童勤久

　　　　　蔡宏光　林同山　张宇霞　李　晶　沈　莉　张　健　杨　杰

　　　　　周一帆　杨海华　朱慧芬　韩力鸣　李盛群　何　川　伏　天

中国劳动社会保障出版社

图书在版编目(CIP)数据

重点安保人防. 医院/人力资源和社会保障部教材办公室等组织编写. —北京：中国劳动社会保障出版社，2016

企业高技能人才职业培训系列教材

ISBN 978 - 7 - 5167 - 2280 - 0

Ⅰ. ①重… Ⅱ. ①人… Ⅲ. ①医院 - 保卫工作 - 职业培训 - 教材 Ⅳ. ①D631. 3

中国版本图书馆 CIP 数据核字(2016)第 016169 号

中国劳动社会保障出版社出版发行

(北京市惠新东街 1 号 邮政编码：100029)

*

三河市华骏印务包装有限公司印刷装订 新华书店经销

787 毫米 × 1092 毫米 16 开本 14 印张 233 千字

2016 年 2 月第 1 版 2016 年 2 月第 1 次印刷

定价：32. 00 元

读者服务部电话：(010) 64929211/64921644/84626437

营销部电话：(010) 64961894

出版社网址：http://www. class. com. cn

内容简介

本教材由人力资源和社会保障部教材办公室、中国就业培训技术指导中心上海分中心、上海市职业技能鉴定中心、上海市公安局治安总队依据重点安保人防（医院）职业技能鉴定细目组织编写。教材从强化培养操作技能，掌握实用技术的角度出发，较好地体现了当前最新的实用知识与操作技术，对于提高从业人员基本素质，掌握重点安保人防（医院）的核心知识与技能有直接的帮助和指导作用。

本教材以既注重理论知识的掌握，又突出操作技能的培养，实现了培训教育与职业技能鉴定考核的有效对接，形成一套完整的重点安保人防（医院）培训体系。本教材内容共分为3章，主要包括：医院安保人防、治安重点单位保卫基础知识和基本技能、保安员简易防卫术。另外，本教材还提供理论知识训练专题，学员可自行练习。

本教材可作为重点安保人防（医院）职业技能培训与鉴定考核教材，也可供本职业从业人员培训参考使用。

企业技能人才是我国人才队伍的重要组成部分，是推动经济社会发展的重要力量。加强企业技能人才队伍建设，是增强企业核心竞争力、推动产业转型升级和提升企业创新能力的内在要求，是加快经济发展方式转变、促进产业结构调整的有效手段，是劳动者实现素质就业、稳定就业、体面就业的重要途径，也是深入实施人才强国战略和科教兴国战略、建设人力资源强国的重要内容。

国务院办公厅在《关于加强企业技能人才队伍建设的意见》中指出，当前和今后一个时期，企业技能人才队伍建设的主要任务是：充分发挥企业主体作用，健全企业职工培训制度，完善企业技能人才培养、评价和激励的政策措施，建设技能精湛、素质优良、结构合理的企业技能人才队伍，在企业中初步形成初级、中级、高级技能劳动者队伍梯次发展和比例结构基本合理的格局，使技能人才规模、结构、素质更好地满足产业结构优化升级和企业发展需求。

高技能人才是企业技术工人队伍的核心骨干和优秀代表，在加快产业优化升级、推动技术创新和科技成果转化等方面具有不可替代的重要作用。为促进高技能人才培训、评价、使用、激励等各项工作的开展，上海市人力资源和社会保障局在推进企业高技能人才培训资源优化配置、完善高技能人才考核评价体系等方面做了积极的探索和尝试，积累了丰富而宝贵的经验。企业高技能人才培养的主要目标是三级（高级）、二级（技师）、一级（高级技师）等，考虑到企业高技能人才培养的实际情况，除一部分在岗培养并已达到高技能人才水平外，还有较大一批人员需要从基础技能水平培养起。为此，上海市将企业特有职业的五级（初级）、四级（中级）作为高技能人才培养的基础阶段一并列入企业高技能人才培养评价工作的总体框架内，以此进一步加大企业高技能人才培养工作力度，提高企业高技能人才培养效果，更好地实现高技能人才培养的总体目标。

为配合上海市企业高技能人才培养评价工作的开展，人力资源和社会保障部教材办公室、中国就业培训技术指导中心上海分中心、上海市职业技能鉴定中心联合组织有关行业和企业的专家、技术人员，共同编写了企业高技能人才职业培训系列教材。本教材是系列教材中的一种，由上海市保卫干部培训中心负责具体编写工作。

企业高技能人才职业培训系列教材聘请上海市相关行业和企业的专家参与教材编审工作，以"能力本位"为指导思想，以先进性、实用性、适用性为编写原则，内容涵盖该职业的职业功能、工作内容的技能要求和专业知识要求，并结合企业生产和技能人才培养的实际需求，充分反映了当前从事职业活动所需要的核心知识与技能。教材可为全国其他省、市、自治区开展企业高技能人才培养工作，以及相关职业培训和鉴定考核提供借鉴或参考。

本教材在编写过程中，得到了上海市中山医院、上海市第六人民医院、上海市龙华中医院和上海市肿瘤医院等单位的支持，在此，一并表示感谢。

新教材的编写是一项探索性工作，由于时间紧迫，不足之处在所难免，欢迎各使用单位及个人对教材提出宝贵意见和建议，以便教材修订时补充更正。

企业高技能人才职业培训系列教材
编审委员会

第1章　医院安保人防

第1章

医院安保人防

1.1　医院安保工作概述

1.2　医院保安勤务

1.3　医患纠纷预防与处理

1.4　医院常见问题处理

1.5　医院五类医患冲突应急处置

1.1 医院安保工作概述

1.1.1 医院概况

1. 医院的性质及类型

医院是以向人提供医疗护理服务为主要目的的医疗机构。医院的服务对象不仅包括患者和伤员，也包括处于特定生理状态的健康人以及完全健康的人。我国医院是治病防治、保障人民健康的社会主义卫生事业单位。

医院具有公益性，不能以营利为主要目的，即使是属于营利性的医院，也必须贯彻救死扶伤，实行人道主义的原则。医院具有经营性，医疗服务活动中存在社会供求的关系，受商品经济价值规律的制约，存在医疗服务市场的一些规律与特点。

中国医院有等级划分制度，实行等级医院管理。根据医院的规模（大小、人员配备、硬件设施、科研能力）分为一级、二级、三级三个等级。每级又分甲乙丙三等，外加三级特等共十类医院。

我国医疗服务存在的问题是看病难、看病贵。医院体制改革目标是建立覆盖全民的基本医疗卫生制度，这项制度设计包含四个体系，分别为：公共卫生服务体系、医疗服务体系、医疗保障体系、药品供应保障体系。

2. 医院的特点

医院与治安安全有关的特点是：规模大而全，设备精密、数量多。医院有病房和一定数量的病床设施，设备先进、数量多，规模都比较大，即使一二级医院，也是麻雀虽小五脏俱全，规模较大，给安保工作带来了困难。医院的科室部门多且分工细，医院集聚了一大批优秀的高素质人才，医疗工作科学性技术性强，工作流程细致，保安员承担着保护人才、设备的任务。各类医院求医者众多，医护人员工作繁忙、辛苦，而患者有病在身往往心情不好比较烦躁，重病患者家属也忧虑心急，因此容易引起矛盾纠纷。医院强调人性化服务、开放式管理，这是安保工作的纲领。

3. 医院常见或易发的治安问题

医院治安问题是指医院内违法违规行为造成的不安宁、不安全的问题。医院常见或易发的问题及案（事）件类型很多，其中危害人身安全、侵犯财产安全、扰乱医疗秩序影响较大的案（事）件及事故类型主要是：

（1）就诊拥挤导致秩序混乱。我国医疗资源相对不足，用占世界大约3%的医疗资源，满足世界上22%人口的医疗卫生健康问题，而这些有限的资源有80%集中在大城市，并且其中的30%又集中在大医院。正是这种医疗资源不足及结构失衡，导致大城市的大医院门庭若市、门诊量成千上万、人满为患，给就诊秩序混乱提供了诱发基础。就诊秩序是指门急诊秩序，包括挂号、配药、就诊、急救等。人多拥挤容易发生纠纷、打架、盗窃等案事件，侵害群众利益，影响治病。

（2）侵财类案件高发。医院是可以让群众自由进出的单位，人流量特别大，违法犯罪分子混迹其中可随意进出。医院的药品器材、医生护士及患者的钱财，成为犯罪分子窥视的目标。医院盗窃案件时有发生，明显高于一般企事业单位，有些医院年发案数量比较惊人。犯罪分子利用医院环境，大肆诈骗治病群众钱财的案件比较猖獗。盗窃和诈骗是医院主要的两类侵财案件。

（3）扰乱医疗秩序案件时有发生。近年来我国医疗纠纷呈现快速上升趋势，医患之间的信任急剧滑坡。发生纠纷后，由于医患双方之间意见的不统一，很容易引发矛盾。患者或其家属时常在医院内与医院方面发生直接冲突，以各种手段扰乱医疗工作正常进行，严重影响医院正常的工作秩序。有关单位曾对全国270家各级医院进行了专项调查，据统计，59.63%的医院发生过因病人对治疗结果不满意，扰乱医院正常诊疗秩序、威胁医务人员人身安全的事件；76.67%的医院发生过患者及其家属在诊疗结束后拒绝出院，且不交纳住院费用；61.48%的医院发生过病人去世后，病人家属在院内摆设花圈、烧纸、设置灵堂等情况。医疗纠纷快速上升的趋势，导致扰乱医疗秩序案件时有发生。

（4）侵犯人身权利案件后果严重不少见。现代化的治病防病医院是文明之地，发生寻衅滋事、殴打他人、杀害医护人员的案件，媒体常有披露，数量不少见。为此，中央、国务院领导有批示，卫生及公安部门多次发文指导维护医疗秩序的工作。医院发生的侵犯人身权利案件，受害人主要是医护人员，这对医疗秩序的伤害极大。

（5）发生治安灾害事故风险程度高。医院用电设备多，耗电量大，线路复杂，医院内的医用易燃易爆物品种类多，引发安全事故和发生火灾的危险程度高。医院在设备、物品使用过程中，存在较多用电用火隐患，存在易燃易爆物品管理隐患，发生治安灾害的危险程度高。

1.1.2 医院安保工作

1. 医院安保工作特点

（1）坚持开放式人性化服务与人员管控相结合。目前，很多医院24小时全天候开门应诊，车水马龙、流动不息、人满为患。医院实施开放式管理，人员进出自由，不论政治、信仰、职业、道德的千差万别；不论性别、年龄、贫富、地位的不同，都可以到医院诊断治疗，来者都是客。因此，违法犯罪分子易于混入医院，并在院内各部门区域流窜。管控进入医院的人员是保障医院安全的必要措施，但是医院不能实施出入登记制度，无法查问人员身份，人员管控很困难。保安工作必须坚持开放式人性化服务，同时又必须坚持人员管控，两者兼顾。

（2）坚持就诊排队秩序管理和文明科学管理相结合。就诊秩序是医疗秩序的重要部分，医疗资源不足及结构失衡，造成大中型医院人来人往、熙熙攘攘，为就诊秩序混乱提供了诱发基础，坚持就诊排队管理是保障就诊秩序的有效措施，保安员要承担起主要区域部位的排队管理职责。就诊人员呈现人多人少的高峰低谷规律及活动的对流现象，排队就诊措施应当随着人群的变化，采取相应的方法，这是科学管理的要求。排队管理过程中，发现不遵守秩序、不听劝告的人，应当文明管理。保安工作必须坚持排队管理，坚持严格管理，又必须坚持方法的科学性以及对人的文明管理，两者兼顾。

（3）坚持维护秩序与防盗防火相结合。维护秩序是一项大刀阔斧的工作，要求达到现场人员井然有序的状态，达到现场安静安宁的状态。防盗防火是医院保安工作重中之重的任务，应当贯穿于维护秩序的过程中，两者相结合。防盗防火是保安员运用观察、检查的动脑方法，发现盗窃嫌疑人及火灾隐患。防盗防火与维护秩序方法不同，但是可以兼容。防盗防火的工作要求保安员在维护秩序的时候，不忘观察异常人员，不忘观察现场火灾隐患。维护秩序的工作要求在控制防盗防火的时候，发现人多、人流量大或者现场秩序较乱时，不忘秩序管理。坚持维护秩序与防盗防火相结合，是将三项安全工作作为医院安保基本工作，以防止安保工作顾此失彼，有利于确保一方平安。

（4）坚持善于化解纠纷与敢于抗暴相结合。医患纠纷可以化解也可能激化，保安员在纠纷的某些阶段承担着化解纠纷的任务。坚持善于化解纠纷，要求保安员主动化解纠纷，掌握调解技能，提高化解纠纷的成功率。有些纠纷会转化为暴力侵害，也有其他原因发生暴力侵害案件，面对暴力侵害案件，保安员有责任制止不法行为，并且要敢于制止暴力侵害。坚持善于化解纠纷与敢于抗暴相结合，要求保安员要掌握调解的软功技能，也要掌握敢于抗暴的硬功技能。

（5）坚持安保本职工作与特色服务相结合。保安依照制度规定履行职责开展治安安全管理，但是，对社会公认应当实施帮助的事情，在条件允许下应当提供服务，它超越了职责，却符合宗旨要求。医院的宗旨是：救死扶伤、治病救人、为群众服务。它是安保工作的灵魂，贯穿于保安员履行职责全过程。医院是老弱病残集中地，特别困难的现象随处可见，为特别困难病人提供一些帮助是医院安保工作的特色，坚持做好本职工作，坚持特色服务，两者相结合是实现执行制度与服从宗旨的统一。

2. 医院安保职责任务

医院安保职责任务是依据保安服务合同的约定或者自招保安员单位的要求，发现制止违法犯罪，预防治安灾害事故的发生，保护在医院内的群众和医护人员及员工的人身安全、保护医院公私财产安全，维护医疗秩序。

医院安保工作有七大具体任务：维持秩序、防盗、防骗、防暴力伤害、防火、防医患纠纷激化、处置突发事件。

3. 医院保安队伍结构类型

（1）单一自招结构：自招保安队伍，保卫机构负责全面管理。

（2）全面外包结构：雇用保安公司派驻的保安员队伍，保卫机构监管与保安公司主管结合的共同管理。

（3）混合结构：自招保安员队伍与雇用保安公司保安员队伍相结合，分类管理。

1.2 医院保安勤务

1.2.1 医院门卫

1. 医院门卫区域治安安全特点

为方便群众进出，医院进出口通道设置较多，医院的大门是进出人员、车辆、物品的通道，也有些医院把一些沿街的部门开辟成进出口通道，只供人员进出，它是医院内部某部门的小门，也具有医院大门的某些属性。医院大门内外一定范围属于人员车辆密集区域或场所，管理不当容易发生交通拥堵问题，车流、人流拥堵在医院门口，影响人们进出，也影响社会交通通行。医院大门小门的外部区域无证摊贩多，黄牛多，小广告多，由此形成治安压力大。那些黄牛、小广告以及盗窃嫌疑人趁势向医院内延伸，到医院进行违法活动。医院大门是医院安全的第一道防线。

2. 门卫岗位的职责任务

医院门卫对出入口通道开展管理，主要工作内容是人员进出识别管理；人员、车辆通行秩序管理；出入物品检查；大门区域秩序管理；协助警方周边治安联防。门卫的职责任务是下列十条。

（1）医院门卫采用站岗放哨制度，站岗放哨是指保安员进入岗位站立守卫。只要院门打开就要有保安站立医院门口守卫。门岗位置分为五部分，中心线、中心线外侧、中心线内侧、大门左边、大门右边。保安站岗应当根据现场人流、车流拥堵程度及部位，选择有利指挥、方便群众的位置，并且根据现场情况的变化随时调整站岗位置，始终占据控制门卫区域的制高点。站岗姿态要端庄，注意力要集中，表情要自然亲切。保安员对进出的群众行注目礼，遇到医院员工向保安员打招呼，应当态度温和、语言亲切地还礼。站好岗是门卫保安员的职责。

（2）观察人、车、物，发现异常应及时查清真相，发现嫌疑对象应当进行跟踪、查询或者报告。门卫应当履行观察职责，对象是出入医院的人员、车辆、物品。发现对象有异常情况，需要查清事实真相，分为三类确认性质：第一类是正常，即排除异常，第二类是其他部门管辖的事情，第三类是治安嫌疑。对于治安嫌疑对象需要进一步检查或控制，根据不同情况，采取不同处理方法，基本方法是跟踪、查询或者报告。有些嫌疑对象可以通过跟踪观察，查清真相排除嫌疑。有些嫌疑对象，可以通过当面问话查询，查清真相排除嫌疑。有些嫌疑对象，则要由上级部门根据门卫报告的内容，作出处理意见。门卫的任务是及时、准确报告。

（3）对出院病人、车辆，或者施工队人员及车辆等携带或装运的物品进行登记，凭证放行。医院门卫对出入车辆物品查验的任务是：拒绝不应当出入的车辆物品进出。对不是本单位需要购进的危险物品，一律不得入内，如果是工作的必需品，应当严格核对物品出入凭证。对影响社会治安的违禁品，除不得入内外，还要向有关部门报告。出院病人、车辆，或者施工队人员及车辆等携带或装运物品离开医院，凭证放行。没有本单位开具的物品放行单证，不得放行，并报告有关部门。货物出入单一般是客户单位根据工作需要自行设计制作的货物出入凭据。携带物品出大门，如发现可疑，可要求其公开所带物品，如不听劝说，可让其等待，并立即报告，听后处理。保安登记出入物品，是依法行使权利，但是应当提高登记话语表达的文明礼貌水平，以便取得群众对登记的支持。

（4）查验乞讨、发小广告等非正常人员身份，禁止进入医院。门卫是单位的第一道安检岗位，是安检、管理性能的岗位，门卫工作通过出入控制管理，成为单位内部安全的屏障。《保安服务管理条例》赋予保安员查验出入服务区域人员的证件，登记出入车辆和物品的职权，这种查验登记权主要体现在门卫工作上，门卫有查验登记权。

医院的门卫岗位同样具有安检、管理职能，应当履行查验登记职责，发挥控制无关人员进出大门，防止财物流失，维护单位内部秩序，确保人身、财产安全的作用。

医院实行开放式管理，门卫管理形式与一般单位不同。但是，查验登记工作的性能没有变化，仅仅是方法、形式的不同。因此，医院门卫发现各类嫌疑人，应当查验证件，识别身份，确属非正常人员应当禁止进入医院。对某些嫌疑人可以通过内部其他岗位予以跟踪控制。

（5）管理机动车进出及停放，保障出入口畅通。各家医院根据自身的空间条件，都制定有适合本单位的车辆管理制度，有的禁止社会机动车及非机动车进入，有的允许社会机动车进入、禁止非机动车进入，门卫要根据制度严格管理车辆进出，不能厚此薄彼开后门，对禁止进入或者车位已满不能进入的车辆，要做好告知工作。门卫车辆管理的任务是指挥车辆出入、确保出入口有序畅通。保安员应当提高交通指挥及疏导的管控技能，其次是门卫指挥车辆进出，应当动作规范正确，态度文明礼貌，位置恰当安全。有特殊情况的车辆需要进出，应当根据合情、合理、有利、可能的原则，给予照顾。要特别注意，残疾车是残疾患者必备的工具，应该按照特殊的规定给予特别的关照。

（6）维护门卫责任区秩序，对医院大门外区域开展管理。门卫不是仅仅管理一扇门，而是管辖大门内外的一片区域，门卫责任区是指保安员在担任大门守卫任务时所应当进行安全管理的地域范围。医院大门外区域常见混乱现象有：自行车乱停乱放，无证设摊、乞讨、义卖表演等违规活动，影响行人走路车辆通行；“黑120”、保健品、买卖人体器官等小广告，医托、各式黄牛流窜在就诊人群中游说拉拢群众受骗上当等。

医院大门外区域的管理困难很多，大多数医院的保安员难有作为，需要有公安、城管等部门一起参与，实施社会综合治理。保安员有管理职责，应当尽力而为。

（7）认真回答群众求医问路的咨询并满足需求，为特殊困难病人提供便利服务。医院的就医群众来自四面八方，不熟悉科室分布、看病流程等就诊常识，患者向保安员咨询求得帮助，是对保安员的信任，门卫应当耐心清晰地回答咨询，满足群众需求。发现有特殊困难病人，应当主动提供便利服务，这是根据医院服务宗旨，确认的岗位职责。回答咨询或为特殊困难病人提供服务，是保安员分内的工作，不是分外可做可不做的事情。做好这项工作有岗位标准，即热情、耐心、清晰、主动、周全。

（8）做好参观访问、联系工作、进院参加会议的大门接待工作。医院的对外业务交流比较多，与外界各行各业的联系也比较多，到医院参观访问、联系工作、参加会议的人很多，其中有些人不熟悉路径，保安员有责任指点迷津，或者帮助他们与有关部门取得联系。门卫是医院迎接客人的前台，代表医院欢迎八方宾客，应当反映医院的良好管理素养及形象。

（9）按照制度规定，做好报刊、信件等收发工作。门卫受理报刊、信件及其他物件投递，在门卫室登记交接，并按制度通知或者送达医院内接收人。贵重物品应当通知当事人到门卫室亲自接收，没有接收人员或者接收人不在单位的，保安员不代保管贵重财物。门卫保安员与投递人员进行物品交接，应当仔细清点、件件落实，医院内接收人员领取物品应当登记签名。贵重物品价值昂贵，如有遗失等意外事故发生，因损失重大而善后处理困难，为慎重起见不要代为接收或者保管。

（10）按时开关大门及照明灯，使用、检查有关设备设施。医院部分区域的灯光开关设置在门卫室，保安员应准时开灯以保证该区域照明。医院夜间的灯光既方便群众生活工作，也有利保安员观察情况安全管理，对违法犯罪分子起到阻吓作用，要做好设备检查，用好设备设施。

门卫室备有出入口专用实施设备或者电子系统控制设备，有些消防监督报警设备、防盗报警监督设备安装在门卫室内，有些门卫室有保安闭路电视、访客登记机，还有报警对讲机、电筒、保安棍等常用设备器械。门卫室应当按规定使用设备设施，定期检查每一个设备设施，保证设备设施处于良好性能状态。如果发现故障，应当及时报告要求维修。

3．门卫岗位要求

（1）着装整齐，仪表端庄，站姿端正，精神饱满。门卫设置在单位最前沿，是单位的对外窗口，门卫保安员的精神面貌反映单位精神文明程度，以及单位治安状况好坏，也是威慑力大小的一面镜子。因此，保安员应当做到着装整齐、仪表端庄、站姿端正、精神饱满。

（2）熟悉医院内相关人员及联系方法，熟悉常用的证件、标志。门卫经常遇到寻人、问事、查证的事项，为方便群众或者证实某种情况，需要立即回答他人提问并指点路径，或者需要及时联系有关人员进行沟通。因此，门卫应当熟悉医院工作人员情况，大医院的门卫应当熟悉医院内主要部门、科室主要人员的联系方法，熟悉单位内部机构的分布、位置。

门卫根据制度规定控制人员、物品的出入，应当熟记有关规章制度、出入手续，以及使用的各种证件、标志、车辆号牌等。门卫保安员应当及时掌握修正的制度内容，以及作废的证件和标志、新启用的证件和标志等信息，以便正确履行职责。

（3）门卫管理要有全局观念，强化联防联勤。门卫管理的全局观念，要求门卫应当了解社会治安的最近动态，了解医院治安动态，以便有针对性地控制大门。门卫管理的全局观念，要求强化门卫与医院内其他保安岗位联防联勤，门卫要主动及时沟通信息、协同处置案（事）件、布天罗地网，发挥保安整体工作能力。

4．门卫工作流程

门卫工作很重要也很杂，门卫工作步骤、流程按照顺序有八大步：第一步，交接班；第二步，准备工作；第三步，站岗；第四步，管理（人、车辆、物品、事务）；第五步，紧急情况处理；第六步，台账记录；第七步，结束工作；第八步，交接班。每个步骤都包含要做的具体事情、时间要求、操作规定，内容丰富全面。不同医院门卫的流程有微观区别，门卫应当熟悉本医院流程，认真按照流程开展工作。

1.2.2 医院巡逻

1．与保安员巡逻有关的医院特点

（1）楼多房多、四通八达。医院的规模是楼大房多，房与房都有走廊连接，建筑布局形成四通八达的网络通道，像个迷宫。这种建筑布局及科室部门布局，方便患者和医护人员，以最少的路程、最短的时间到达目标地。但是，它增加了保安巡逻布线、人防布岗及监控防范的难度，增大了保安员对全局的管控难度。

（2）重要部位量多面广。医院是高科技设备、高级人才聚集地，科室部门及研究单位众多，重要部位多，分布面广，给安保工作提出了巨大挑战。保安员巡逻需要重点巡检的部位多，发生盗窃、火灾等严重案（事）件的风险大，保安员的管理任务重。

（3）防范案件发生难度大。医院占地面积大、重要部位多、道路四通八达，为违法犯罪活动提供了比较多的机会。医院安保预防工作的难度是：作案点多、防不胜防，流窜作案多、发现抓获难。

2. 巡逻岗位职责任务

（1）按照规定的巡逻路线、巡逻重点、巡逻频次、打卡制度，开展巡逻，认真记录台账。根据本单位制度规定，依照确定的路线，按时对医院内特定的区域、地段和目标，有序地进行巡视、检查、警戒，这种巡逻是重复性、全面性、规范性的边走边检查的工作，因此称作常规巡逻。常规巡逻是通过安全检查，发现隐患、消除隐患的主动预防性监视活动，是发挥安全防范作用的核心要素，务必认真做好每一次巡逻工作。

巡逻中发现异常情况，应当查清事实，根据实际情况及时分类处理，件件落实。巡逻以发现隐患为手段，消除隐患保障安全为目的，采取适当措施消除隐患是巡逻的直接结果及最终责任。巡逻结束应当将工作情况记录在台账，以备发生问题有案可查，也为总结工作、接受上级检查提供客观资料。

（2）门窗安全巡逻。门窗安全巡逻是指对科室、部门的外表安全措施开展的检查。医院各部门负责本部门安全，由于工作人员的疏忽，经常发生门窗、电源未关等隐患，巡逻的职责是发现隐患，排除隐患。隐患排除应当采取适合现场情况的方法，门窗未关需要确认房间内是否有其他异常情况，如果有响声或者电器异常声响，应当进行控制。保安员是否动手关闭门窗，需要根据各单位的制度及习惯操作决定。

（3）重要部位巡逻。巡逻至行政楼、财务室、锅炉房、危险物品存储及重要设备部门部位，应当实施警戒。重要部位具有秘密性、贵重性、危险性、地位重要影响大的特征，它是对医院全局有重大或关键作用的部位，巡逻到重要部位，应当实施警戒。警戒就是为防范可能发生的危险而采取保障的措施，是高等级的保安措施。重要部位巡逻的警戒有三种要求：一是提高检查的仔细程度，看得仔细一点，听得仔细一点，闻得仔细一点，动手触摸一下；二是在现场停留观察，张网守候一会儿；三是发现异常情况一追到底，视情处理。警戒目的是及时发现刑事案件嫌疑、治安灾害事故异常，采取措施处理，保护重要部位安全。

（4）水、电、煤安全巡逻。沿巡逻路线检查水、电、煤是否有漏水漏气及电线脱落等异常情况，如果发现问题及时处理或报告。水、电、煤隐患可能导致治安灾害事故的发生或者产生严重后果，巡逻沿途检查水、电、煤是否有漏水漏气电线脱落等异常情况，是常规工作，也是基础工作。发现异常情况，立即向有关职能部门或者总值班报告，如果现场有危险，保安员应当在现场实施警戒，等待有关人员处置。

（5）禁吸游烟巡逻。随着国家禁烟力度加大，目前医院内大部分区域都禁止吸烟，由此也造成吸烟的人以规避及流动的方法吸游烟，随意乱扔烟蒂现象增多。巡逻应当检查是否有人在禁止吸烟的区域吸烟，是否有人乱扔烟蒂，发现吸游烟应立即制止，消除火灾隐患。禁止吸烟或者处理吸游烟的方法应当文明礼貌，不要粗暴训斥、不要讽刺挖苦、不要谩骂，应当让他人信服并接受宣传劝告。

（6）异常人员识别巡逻。巡逻中发现异常人员，可以进行询问，如有嫌疑，应当采取适当措施予以控制，同时，报告保卫部门或者扭送保卫部门及公安机关处理。发现异常或者嫌疑人员是巡逻的重要职责，发现嫌疑人后需要进一步调查，常用的方法是询问、查问。保安员有询问权，这是法律法规赋予巡逻权利的体现，但是与警察的盘问权不同，没有约束性。询问、查问需要非常注意语言和语气的使用，异常或者嫌疑表示的是不确定，有异常或者有嫌疑的人不一定是违法犯罪分子，所以不能用对待坏人的语言语气查问对象，否则会引起对立及拒绝。查问是一门技术性、艺术性的工作，问话要问好。问好是指查问的时候，用礼貌的语言对话。首先是服务，然后旁敲侧击进入主题，而后告知配合查问是工作需要，排除异常、嫌疑，最后道声谢谢。如果嫌疑越来越重，可以请对象出示证件配合检查，或者到办公室进行进一步询问。此时，保安员要及时报告，等待增援。

（7）违规留宿巡逻。检查有无社会闲杂人员借宿医院过夜，一经发现应当妥善劝说，请其离开医院。如有特殊情况应向总值班请示汇报，根据指示处理。医院常有社会人员借地留宿过夜，既不雅观，也给管理带来许多麻烦。一方面留宿人员如果发生人身意外事故，医院人力、财力负担很大，纠缠事情不少。另一方面留宿人员是医院发生案（事）件的隐患，这是医院不得安宁的心病。留宿人员身份不明，如果是违法犯罪分子，医院成为窝藏坏人的落脚点，背负很大的社会责任，得不偿失。巡逻发现有社会闲杂人员借宿医院过夜的，保安员应当劝说留宿人离开医院，告知这是医院制度规定。如有特殊情况应向总值班请示汇报，根据指示处理。

（8）群众报案处置。巡逻中接到群众报案，应立即问清情况，并查看现场，发现嫌疑人应当控制，及时向保卫机构报告，同时做好群众情绪的稳定工作。保安员接到群众报警，应当问清情况，并查看现场。初步确认案件后，一方面向上级报告，另一方面帮助群众寻找线索。如果发现嫌疑人，能够控制的立即控制，难以控制的，要跟踪追击并等待增援。群众报案后经过初步工作没有蛛丝马迹的，请受害人到公安机关报案或者拨打110报案。如果群众报案的时候，确认案件性质比较严重，应当直接拨打110报案。保安员在报警处置过程中要做好群众情绪的稳定工作，防止发生意外事件。

（9）寻声赶赴现场处置。巡逻中听到吵闹声，应当给以关注，并要迅速寻声赶到现场，察看现场情况。吵闹根据程度或性质有四种类型：一是轻微的、自然熄灭的争吵；二是激烈的争吵；三是医患纠纷；四是醉酒人滋事扰乱。如果是激烈的争吵或是医患纠纷，应当进行调解，如果是醉酒人扰乱，应当采取控制措施，维护现场秩序。

（10）紧急处置。突发事件是指突然发生的、后果比较严重或十分严重，需采取应急措施予以应对的事情。对突发事件进行紧急处置有利于控制局面，扼杀事故隐患和防止事态扩大，为抢救生命、减少损失赢得时间和提供人力保障。

巡逻保安根据紧急处置信号开展工作，常用的信号是紧急参与信号。它是指保安员根据特定铃声、广播或者对讲机等电子通信设备，接听上级或者其他岗位保安的通话内容，对方要求快速赶赴现场，直接投入处置工作的指令。也有例外的紧急参与信号，那就是急促求救声。听到紧急参与信号，应携带装备器械，跑步赶赴现场，直接投入处置。

（11）制止违法行为。对正在发生的不法侵害行为，应及时采取适当措施予以制止，并报告保卫机构或者直接报警。《保安服务条例》赋予保安制止发生在本单位的违法行为的职责，制止行为受法律保护。保安员制止违法行为的方法，要合法、文明、有效。对于难以制止的违法行为、已经发生的治安案件、涉嫌刑事犯罪案件应当立即报警，并采取措施保护现场，配合公安机关的侦查、处置工作。

（12）保护现场。保安员参与较大或者重大案事件处置，最后一道程序是保护现场，应当按照规定认真开展保护现场工作。现场有犯罪现场、火灾现场、其他事件现场，是案（事）件发生的地点和遗留有与案（事）件有关痕迹、物证的一切场所。现场保护是指对案（事）件现场从案发到现场勘查开始前这一阶段的保护，是对发现案（事）件的现场保持原始状态，防止遭受变动而采取的措施。根据现场具体情况，采取相应方法，达到保持现场原始状态的目的。保安员不能确定有些现场是否需要保护的，可以先保护后请示，根据上级或警方的指示开展工作。

（13）自杀现场保护。医院偶有发生自杀事件，保安员发现后应迅速赶到现场。如果需要抢救的，采取措施送往急诊间。如果已经死亡，使用警戒线或者其他路障，封锁现场，警戒区域面积的下限以公安机关能够开展现场调查为准。同时进行现场访问，查清自杀者身份、自杀方式等，将死者身份情况立即向有关部门报告。

（14）困难求助处置。医护人员及病人遇有困难，看见巡逻保安发出求助要求，涉及安全方面的困难，都应当提供帮助，对安全以外的困难，根据情况分类处理。有些困难应当提供服务，有些困难不应当提供帮助，有些困难是举手之劳的服务，不影响巡逻也可以满足。

（15）保护性巡逻。巡逻中发现医护人员周围有人跟踪的嫌疑，为防止可能发生的伤医案件，保安员应调整线路，跟随医护人员身后护送到目的地。有些伤害医护人员案件发生在医护人员行走路途中，或者被跟踪到办公室继而发生。巡逻发现有跟踪嫌疑的，应当采取护送巡逻措施。这是主动保护措施，贯彻预防为主方针，是默默无闻的短程跟随巡逻，医护人员本人不知道，对嫌疑人有威慑作用，如果发生伤医案件，能够有效地处置并减少损失。

（16）保障道路畅通。检查机动车辆、非机动车辆停放情况，保障医院内各通道畅通，保障医院内道路畅通，维持通行秩序是巡逻的职责。发现车辆违规停放影响通行，及时采取措施疏通。

3. 巡逻保安工作基本要求

（1）要加强责任心。巡逻的流动性强，不在领导眼皮下工作，巡逻质量的高低在于责任心。有责任心能够消除麻痹大意、太平无事的不良心理；有责任心就能够仔细地进行检查工作，仔细能发现大部分不良现象，并处理好事情；有责任心就能勇于负责、不辞辛劳。所以，责任心是巡逻保安工作的灵魂。

（2）具备处理问题的能力和心理素质。巡逻遇到的事情比较多且复杂，风险程度比门卫高。巡逻处理问题大部分面对的是与人的沟通，心理素质很重要，不急躁、不粗暴是沟通的基础；应变能力、协调能力、表达能力是技术能力，是说服人、化解矛盾的武器。熟悉医院情况，了解一些医疗业务知识有利于与患者、就诊人员的沟通。

巡逻处理问题有一部分是处理物资条件引起的问题，如水电煤的初期问题、火灾隐患、危险物品的泄漏隐患、异常机器设备响声。对诸如此类的隐患及灾难的判断和处置，保安员应当熟悉重要部位、重要仪器设备的基本情况，熟悉安全检查的基本方法及防火、防盗、防泄漏处理常识，熟悉突发事件处置方案。

（3）保持与队长及其他保安岗位的联系，随时沟通情况，互相支援。巡逻保安员是上级部门的眼睛、耳朵，保安员应当主动报告现场情况，让上级部门了解掌握医院动态状况。巡逻发现问题，应当主动与其他岗位联系沟通，发挥保安整体作用，也能够有效保障保安安全。在报告与沟通过程中，表达要清晰，应当比较准确反映现场或者事情的性质程度，不扩大、不缩小、不误报。

4．巡逻工作流程

巡逻工作很重要也很杂，每天工作的主要内容是相同的、周而复始不变。巡逻工作的步骤、流程按照顺序有十大步：第一步，交接班；第二步，巡视；第三步，检查；第四步，识别（对违法犯罪嫌疑人而言）；第五步，接报；第六步，处理；第七步，打卡；第八步，继续巡逻（继巡）；第九步，台账记录；第十步，交接班（汇报当班情况）。

每个步骤都包含要做的具体事情、时间要求、操作规定，内容丰富全面。不同医院有不同巡逻的流程，应当熟悉本医院流程，认真按照流程开展工作。

1.2.3　重要区域守护

守护是保安员对单位内重要部位、目标的看护和守卫的活动。医院有几十个科室、研究单位、医疗部门、医疗区域，其中特别重要的部门、部位派驻保安员实施看护和守卫，称作守护。医院重要部位实施守护的有门急诊部、病房区域、停车区域。

1．门急诊区域守护

医院门急诊部是反映医院医疗技术及管理水平的窗口，是集诊查、治疗、处置日常医疗与保健、科研教学、心理咨询、卫生宣教、计划免疫、行政管理于一体的功能部门，性质特殊、地位重要、影响大。门急诊部设岗守护是为了克服人满为患带来的诸多治安问题，为病人及医护人员提供优质医疗环境，保护公私财物安全，保护人身安全。

（1）门急诊部守护职责任务

1）随时观察门诊大厅及门口的人流量动态，实时调整管理方法，维持大厅秩序。门诊大厅是医院最繁忙的部位，从早晨四五点钟起，门诊部就人声鼎沸排队挂专家门诊号，而后挂号人流不停地涌进门诊部延续到9点多钟。由于人流量的高峰低谷是变化的，因此及时采取不同的管理方法，使得高峰不乱、低谷不烦，是维持就诊秩序的关键。保安员应当随时观察门急诊区域及门口的人流量动态，提前预报并实施相应的措施和预案。

2）维持门诊厅挂号处、收费处秩序，加快挂号缴费速度。挂号处、收费处排队人多，因为心急插队引起纠纷和队伍混乱的情况时有发生，人多以及队伍乱给小偷盗窃他人财物创造了机会。因此，维持排队秩序及防盗是这个区域保安的责任。保安员应当采取措施加快挂号及收费的速度，速度快了插队及插队引起纠纷就少了。保安员应及时向挂号、收费工作人员报告人流情况，共同采取增加窗口分流疏导，或者调整队伍减少队伍长短悬殊的方法，加快挂号速度。要及时制止插队行为，发现有人插队或插队纠纷，应当主动管理，形成良好的、自觉遵守纪律的风气，对有特殊情况的插队，要合情合理地解决。

3）加强门诊部防盗工作。门诊部包括科室分诊处、门诊治疗区、门诊手术室、门诊大厅等，构成规模大、部门杂、环节多、钱财多、流动性大、患者就医心切等特点。门诊部盗窃点多、患者自我保护防范意识差、便于流窜作案、容易盗窃、容易逃跑，是医院盗窃案件高发部门。

防盗是门诊部重要的工作，有三种基本方法。首先，保持有条不紊的就诊秩序，避免小偷趁乱下手的机会。其次，开展防盗宣传，提高警惕，有针对性地提示携带钱物和防范意识薄弱的病人及陪同者，减少被侵害对象。最后，在盗窃易发点仔细观察、主动出击，抓获现行盗窃嫌疑人，发挥震慑作用。

4）维持急诊部秩序，保障安全安宁环境，保持急救通道（绿色通道）畅通，协助紧急医疗工作开展。急诊区域病床放满走廊，陪同家属坐满病床旁，急诊区域走道狭小、拥挤，一旦堵塞会影响紧急救助。保安员应当通过宣传，请病人家属挪动座位、搬动物品让出通道，以便保持所有通道和急救通道（绿色通道）的畅通，疏通工作需要不断地进行。急诊病人排队候诊时心情烦躁，医生周围围着病人及家属，大声喧哗会破坏安静的环境，保安员应当提醒人们小声说话少说话，保证急诊区域安静。发现有其他影响急诊秩序的现象，保安员应当及时管理。

5）加强急诊部巡视，提醒家属保管好财物，防范拎包作案。急诊病人一般带着包并带比较多的钱，因为急于看医生往往疏忽对财务的管理，另外，急诊区走廊狭小、拥挤，病人及病人家属川流不息，坏人具有靠近钱财动手作案的条件，在急诊区域拎包作案容易得手且不易发现。防盗主要是提醒人们提高警惕，保管好钱包财物，同时将盗窃嫌疑人抓获或者吓出急诊区域。

6）识别闲杂人员，劝导其离开门急诊部，消除治安隐患。发小广告、黄牛等闲杂人员是顺手牵羊进行盗窃的嫌疑人，发现这些闲杂人员应当劝离门诊部，消除盗窃隐患。保安员应讲究劝离方法，提高劝离成功率，确保门诊部的安宁。

7）及时化解各种纠纷，解决各类突发问题。患者之间、医患之间的纠纷是门急诊部常见的问题，如果纠纷比较激烈，应当进行调解，防止矛盾激化。门诊部发生水管漏水、电灯熄灭、电梯夹人等突发问题时，应当及时报告，并且保护现场或采取措施解决力所能及的问题。

8）协助各科室进行诊疗秩序管理，接到安全求助信息应快速赶赴现场、及时调解纠纷、维护医疗秩序。门诊部守护有固定岗、流动岗、瞭望岗。各科室分诊处分布在各个楼层，流动岗通过巡逻的方法，协助维护各科室诊疗秩序，主要工作是巡视了解现场秩序情况，解决现场秩序问题，观察嫌疑人员并采取措施。保安员接到科室安全求助报警信息时，快速赶赴、准确到达现场，根据求助报警的内容，分类处置。医患纠纷报警比较多时，保安员应当及时调解纠纷，化解矛盾。

9）协助维持乘电梯秩序，防止拥挤伤人，防止插队纠纷，宣传电梯内防范扒窃。医院电梯使用率高，高峰时段十分拥挤，有时秩序混乱会使弱者受苦。有些医院有专门人员负责维持乘电梯秩序，效果比较好。也有些医院电梯使用没有专人负责制度，或者专门人员因故离岗，难免会发生秩序混乱现象。保安员有责任协助维持乘电梯秩序，防止拥挤伤人，防止插队纠纷，帮助病人顺利地上下电梯。同时，保安员应宣传电梯内防范扒窃，提醒乘电梯人员保管好自己的钱包和财物。

10）防范寻衅滋事，确保医护人员安全，确保医院财物安全，维护医疗秩序。门急诊部容易发生寻衅滋事的案件，有些是醉酒人寻衅滋事，危害比较大。保安员守护中应注意观察寻衅滋事的隐患提早预防，发现有打砸现象，应当区别医患纠纷，采取针对性措施，保护医护人员安全，保护公私财物安全，维护医疗秩序。

11）发现老弱病残者遇到就诊困难时，应当主动提供必要服务。保安员帮助特别困难人员就诊符合医院治病救人宗旨的要求，能够加强保安工作的群众基础，促进保安工作稳妥开展。

（2）门急诊部守护基本要求

1）熟悉门急诊区域各科室布局及治病程序的简单常识。门急诊部有四五十个科室，100 多个医疗室，门诊治疗窗口多，收费挂号窗口多，分布在成千上万平方米的楼层中。保安员应当熟悉它们分布的位置及多条行走路线，以便处置突发事件时能够准确到达目标地，在回答患者问路时能够准确指引路线。医院门诊种类（有特需门诊、专家门诊、专科门诊、普通门诊）和医疗环节的规定等看病程序的内容，属于医院业务基本常识，老病人都熟悉，保安员也应当熟悉，这有利于改善医疗秩序。

2）加强与有关科室部门协调，共同维护门急诊部秩序。门急诊部门的正常运转是由医护、后勤、行政等许多岗位努力工作促成的，不同种类岗位的工作既有区别又有联系，它们彼此之间是相辅相成的，保安员的工作离不开其他部门的支持。

维护门急诊部门的安全秩序时，保安员应当认真地做好本职工作，同时要加强与其他部门联手共建，应当互通信息、共商办法、一体化管理。

3）加强观察，防盗防火。门急诊部门的安全任务很多，防盗防火是主线。保安员应控制和降低盗窃案件的发生，保安员应认真检查隐患，及时排除隐患，以防止火灾发生。

（3）门急诊部守护要点

1）门诊部守护要点。每天守护工作的主要内容是相同的、周而复始不变的。相同的主要工作内容有十六项：第一，准备工作；第二，维持清晨挂号秩序；第三，维持日常挂号秩序；第四，人群拥挤区域维持秩序；第五，巡视；第六，重要目标巡视；第七，防盗观察；第八，防盗宣传；第九，异常人员观察；第十，保护性巡视；第十一，诊疗区域巡视；第十二，纠纷调解；第十三，突发事件处置；第十四，服务；第十五，检查安全防范设备设施；第十六，结束、记录台账。

每一要点中包含了要做的具体事情、时间要求、操作规定，内容丰富全面。不同医院有不同的工作要点，应当熟悉本医院规定，认真开展工作。

2）急诊部守护要点。每天守护工作的主要内容是相同的、周而复始不变的。相同的主要工作内容有十五项：第一，准备工作；第二，巡视；第三，检查；第四，熟悉病床人员数量；第五，观察纠纷隐患；第六，观察异常人员；第七，防盗观察；第八，防盗宣传；第九，保护性巡视；第十，突发事件处置；第十一，为保障绿色通道畅通服务；第十二，服务；第十三，调解纠纷；第十四，检查安全防范设备设施；第十五，结束、记录台账。

每一要点中包含了要做的具体事情、时间要求、操作规定，内容丰富全面。不同医院有不同的工作要点，应当熟悉本医院规定，认真开展工作。

2. 病房区域守护

（1）病房区域守护职责任务

1）负责门前车辆引导和人员进出引导。病房大楼前车辆停留及经过比较多，出入的人也比较多，有时出现拥挤现象，保安员有责任维持病房大楼前的秩序，及时疏导车辆和维持人员进出秩序。

2）禁止拾荒者、乞讨者、推销商品者进入病房区域。病房的治病环境要求安静、安宁，要求静静地说话、静静地走路，无关人员的进入将打破这种宁静。安全的病房让病人心跳血压正常、情绪稳定，病房应避免发生盗窃等案件。禁止拾荒者、乞讨者、推销商品者进入病房区域，保障病房区域医疗秩序是保安员的职责。

3）指挥自行车、摩托车、电动车及其他车辆定点停放。病房大楼前，自行车、摩托车、电动车乱停乱放会堵塞人们出入病房大楼，保安员应当管理车辆停放，保持病房大楼前面畅通。

4）协助医护人员，应对突发情况。发现病房发生治安突发事件时，保安员应当迅速奔赴事件发生地点，察看现场并与医护人员进行简单沟通，把握事件性质并立即投入处置。如果情况比较严重，保安员应向上级部门报告，请求增援。发生突发事件需要控制大门时，有开启或者关闭大门两种要求，疏散需要打开大门的，应当保证大门口畅通，事件需要关闭大门控制进出的，应当及时关闭大门并做好防范冲击的准备，并且调整好监控设备的位置。

5）加强病房防盗工作，开展防盗宣传警示活动，减少被侵害对象，主动出击抓获现行盗窃嫌疑人，发挥震慑作用。病房间的门不上锁，物品比较随意堆放，病房的病人接受治疗时经常会闭目养神，护理人员忙于工作，病房中易发生盗窃案。病房中盗窃后容易逃跑，且病房中没有抓获盗窃者的骨干力量，盗窃者敢于进入病房盗窃。

防盗是病房区域守护的重要工作，有四种基本方法。首先，开展防盗宣传以提高警惕，有针对性地提示携带钱财防范意识薄弱的病人及陪同者，减少被侵害对象；其次，将发小广告、推销商品、陌生人等非探视人员赶出病房大楼；再次，在盗窃易发点仔细观察、主动出击，抓获现行盗窃嫌疑人以发挥震慑作用；第四，采取有针对性的物防技防措施。

（2）病房区域保安守护基本要求。病房安全实行护士与保安员联体管理制度，病房保安员应当熟悉病房安全管理制度，主动履行安全职责。保安员应当熟悉病房安全防范设备设施的位置及性能，并能够熟练使用。保安员在病区巡视时，以观察为主、安静为主，发现隐患时应及时与护士沟通，主动加强与医护人员的安全联防。

（3）病房区域保安守护要点。病房守护的每天工作的大步骤是相同的、周而复始不变的，主要工作内容有十二项：第一，交接班；第二，巡视；第三，检查安全防范设备设施；第四，观察纠纷隐患；第五，观察异常人员；第六，防盗观察；第七，防盗宣传；第八，保护性巡视；第九，突发事件处置；第十，服务；第十一，大门秩序管理；第十二，结束工作、记录台账。

每一个要点中包含了要做的具体事情、时间要求、操作规定，内容丰富全面。不同医院的工作要点内容有所区别，保安员应当熟悉本医院规定，认真开展工作。

3. 停车区域保安守护

（1）机动车停车场守护职责任务

1）确保停车场出入口及场内通道畅通。有车辆在出入口及场内通道上因故停留，影响其他车辆通行时，保安员应当及时指挥疏导，保持停车场出入口及场内通道畅通。

2）应当站在明显安全的位置，用标准的手势指挥机动车辆进出或者停放，确保车辆停放有序。管理机动车的基本任务是车辆安全进出、有序停放，保安员不能离开岗位、放弃管理。保安员管理的自身要求是指挥车辆动作要规范，不能随意指挥、放弃指挥。保安员指挥站的位置应当让他人看见看清，且自己又是安全的。

3）注意车内状况，禁止装载易燃、易爆、易挥发物品的车辆进场。保安员应当观察进入停车场车辆是否载有易燃、易爆、易挥发物品。如果有嫌疑，应向车主询问证实物品性质，载有易燃、易爆、易挥发物品的车辆不准停放，应认真迅速驾驶离开停车场。

4）检查停放的车辆门窗是否关好、车门有无上锁。检查停放的车辆车窗是否关好、车门有无上锁，发现情况应立即告知车主，找不到车主的，应当加强对该车辆的关注。

5）观察停放车辆内部状况，是否有异常情况。保安员在停车场巡视中，应当观察车辆内是否有其他异常情况，或者辨别是否有异常气味，如果存在异常情况应及时向上级报告，确认异常情况性质。

6）注意看护场地内停车、消防等设备设施，使之保持正常工作状态，发现异常情况应立即报告并排除。保安员检查发现场地内停车、消防等设备设施存在损坏或者异常情况的，自己能够解决则就地解决，不能解决的立即报告，等候复查维修。

7）发现与停车、取车无关的人员在停车场内逗留时，应礼貌地进行询问，如无特殊情况应请其离开；发现可疑人员应立即报告保安负责人，并对其进行监视。

8）根据制度放行车辆，并认真关注车辆有无异常情况，对可疑车辆应及时观察有关信息并报告。

9）停车场出入口收费放行车辆时，应当提高警惕，车辆如有明显可疑情况，应记住车牌号码、颜色、型号及驾驶员特征，并及时报告。

10）做好当值期间的各项情况记录工作，做好交接班工作。

（2）停车区域守护要求

1）熟悉道路交通规则、标志、标线等常用交通知识。机动车根据道路交通规则、标志、标线的规定，在停车场内行驶、停放。管理人员应当熟悉道路交通规则、标志、标线等常用知识，以便正确地指挥管理机动车，提高管理效率。机动车辆指挥动作规范、大方，避免不规范动作引起驾驶员误解或者疑问。指挥机动车与管理非机动车不同，有自身安全风险，保安员应当提高警惕、保护自身安全。

2）树立防范案（事）件发生及发现并制止案（事）件的意识。机动车停车场不是保险箱，也可能发生案（事）件，如抢劫车主财物案、绑架车主案、凶杀抛尸案等。树立防范案（事）件发生意识，树立发现并制止案（事）件的意识，是提高巡视、检查、管理质量的必要条件，同时应当加强观察、处置能力。

（3）停车区域守护要点。停车区域守护的每天工作的主要内容是相同的、周而复始不变的，主要工作内容相同的有九项：第一，交接班；第二，指挥车辆慢行，有序停放；第三，检查车况；第四，维护区域内停车秩序；第五，观察监视可疑人员；第六，检查公共设备设施；第七，出行车辆观察；第八，紧急情况处置；第九，结束工作、记录台账。

每一项工作要点中包含了要做的具体事情、时间要求、操作规定，内容丰富全面。不同医院的工作要点内容有所区别，保安员应当熟悉本医院规定，认真开展工作。

1.2.4 安全、引导、特困服务

1. 提供特困服务是保安工作的职责任务

（1）在职责范围内做好服务工作，实现医院宗旨。医院的宗旨是救死扶伤、治病救人。服务是医院所有工作的灵魂。医院中各部门、各岗位都应当通过本职工作实现医院宗旨。

（2）可以为超越职责范围的特殊困难人员提供解困服务。保安员可以超越职责范围为特殊困难人员提供帮助服务，其他部门、岗位也可以提供相同的服务。提供特困服务是对社会、医院服务网络缺陷的弥补，符合医院的服务宗旨，符合社会共识。

保安员在条件允许时，可利用自身工作优势，把特困服务列为保安岗位任务。这没有任何负面作用，反映了医院保安工作特色；这有利于特困服务的制度化、长期化；有利于扩大提高保安工作的群众基础；有利于满足特殊群众解困需求；有利于提高医院服务质量，为医院赢得声誉。

2. 保安的三种类型服务

保安的三种类型服务是：安全警示服务、求医问路服务、特困服务。

（1）安全警示服务。保安员对保管财物疏忽大意的群众，应当进行安全防范提醒，当发现有可疑盗窃迹象或者其他危险的时候，应提醒被侵害目标群众安全防范。

当群众遇到危险要求提供保护时，保安员应当提供安全保护。

（2）求医问路服务。保安员应热情接待求医问路、寻找科室部门的群众，用清晰、

清楚的语言提供引导服务。

（3）特困服务。保安员应为老弱病残等有特殊困难的患者提供服务，如主动搀扶年老体弱者、为行动不便的患者提供轮椅等。

3．提供安全、引导、特困服务工作的基本要求

（1）提供求医问路服务时，百问不厌，满足需求。群众进入医院就诊就像走进迷宫，十分迷茫且困难重重，他们信赖保安员。保安员接待求医问路群众时，一要服务态度和蔼，耐心解答群众的询问；二要语言表达有效果，有问必答，答案正确，口语表达应当使群众一听就懂、明白、满意；三要百问不厌。

（2）主动为残疾人、高龄老人、久病体弱病人等特殊困难病人提供服务，为行动不便者提供轮椅。保安员发现有特殊困难的病人时，应当主动上前关心询问，需要保安员提供体力扶助或者工具帮助时，应及时实施。

1.3 医患纠纷预防与处理

1.3.1 不满诊疗护理服务与医患纠纷概述

1．不满诊疗护理服务的几种恶性发展形态

患者对诊疗护理服务不满引起的，医患纠纷可能激化，转化为违法犯罪行为。患者对诊疗护理服务不满，也可能不经过纠纷直接导致违法犯罪的产生。不满是一种根源，是医患纠纷激化、扰乱医疗秩序、故意伤害医护人员、杀害医护人员的原因。

（1）对诊疗护理服务不满引起医患纠纷。医患纠纷是指患者或其亲属与医疗单位及其医护人员之间围绕诊疗护理服务而产生的争执。医患纠纷不同于医疗事故，也不同于医疗纠纷，它们各有不同的法律概念。产生医患纠纷首要原因是患者对诊疗护理服务不满，而当事人双方对此有不同的看法，产生争议。

（2）医患纠纷可能导致违法犯罪的几种后果。医患纠纷经过调解双方和解了，息事宁人，天下太平。但是，医患纠纷可能激化，主要是患者一方不依不饶，行为出格构成各种违法犯罪行为。第一类构成扰乱医疗秩序的行为即医闹；第二类构成故意伤害行为即伤医；第三类构成故意杀人行为即杀医。

（3）对诊疗护理服务不满也可能直接导致违法犯罪的后果。由于不满诊疗护理服务，且无法理性地寻求合法解决途径，自认为无路可走，便直接诉至暴力伤害医护工作人员，这是事前没有纠纷，进门就打医生的案件类型，它不是极个别案例。这种行为直接构成故意伤害行为即伤医，或者构成故意杀人行为即杀医。

保安员不仅要注意医患纠纷的安全防范，还要注意那些没有纠纷形式的医患矛盾。仅仅因为不满，直接发生寻衅滋事或者杀害医护人员的特殊犯罪形态，也是安全防范的重点之一。

2. 医患纠纷直接原因

（1）患者原因。一些患者对医院诊疗工作和医学知识不了解，对医院诊疗的期望值过高，普遍认为治不好就是医院的过错。医疗费用中自付比例高，病人花的是自己的钱，都较为心疼，加上没有达到预期的治疗目的，有可能引发纠纷。患者的维权意识增强，患者觉得花钱看病，应该看好，一旦发生并发症等意外，也容易发生纠纷。个别的患者谋求不正当的利益，少数的患者及其家属以获取大量的赔偿作为目的，肆意扩大事态，抱着“小闹小得、大闹大得”的心态，企图通过吵闹获利。

（2）医务人员原因。医务人员在提供医疗服务过程当中，服务态度差，语言生硬，缺乏耐心。过度的检查、治疗和推诿使一些患者产生不信任感，一旦在诊疗过程中稍有不如意就会投诉，造成纠纷。医疗技术水平不高，在诊疗过程中出现误诊、误治。自我保护意识不强，法律意识淡薄，如有些医务人员讲话不注意，容易给患者抓住“把柄”。

（3）沟通原因。一些大医院目前门诊时间大约为 5 分钟一位病人，下一步将缩减到 4 分钟，一名医生半天内看五六十个病人，没有时间与患者更多地进行交流，而缺乏沟通就容易引发误解和纠纷。医患间的沟通障碍还包括医生打断患者问话、转移话题、回避问题、使用行话等，这些障碍出现频次与患者的满意度成反比。

3. 医患纠纷深层次原因

医患矛盾归根结底是医疗资源、技术和保障跟不上患者的需求：卫生资源的总量不足，资源区域的分布不均，医疗技术不过关，器械设备配置亦达不到正常的诊治标准配备要求；也有制度不完善问题，如医保制度、薪酬分配制度、以药养医制度、就诊制度等不够健全的问题。

4. 医患纠纷程度分析

现在的医患关系为：总体尚可、局部紧张、部分恶劣。正常的医患关系中，患者应该是怀着敬重之心去求医问药，所谓的敬重之心是应该对医生尊重，而作为医生，对病人要怀有仁爱之情，表现出来的就是要救死扶伤。

1.3.2 防范暴力伤害、保护医护人员、减少损害的方法

2014年以来，暴力伤医事件呈“井喷式”爆发。据中国医院协会调查统计，每所医院平均每年发生的暴力伤医事件高达27次左右。

1. 暴力伤害医护人员行为的特点

（1）故意伤害行为的特点。患者及其家属伤害医护人员的时间比较多的发生在下午、晚上。伤医地点比较多的发生在门诊室、急诊室、重症监护室、护士点，即三室一点。发生的征兆（或者称作前期迹象）一般都是在纠纷过程中，矛盾激化、情绪激动，立即动手打砸。伤害的对象是在场医护人员，伤害方式以拳打脚踢为主，行为人以中年男子（30～50岁）居多。

（2）杀害医护人员行为的特点。杀害医护人员是指以剥夺生命为目的的伤害行为。杀医行为有些是无纠纷、无征兆的伤害，没有争执吵闹的纠纷前奏，医护人员蒙在鼓里；有些是有预谋的，凶手会携带凶器。杀医特征比较多的是株连无辜式的追杀、连杀，接连伤害几人。杀害手段是接近杀害对象，一言不发突然袭击、猛杀要害部位。凶手的年龄跨度比较大，老、中、轻都有，以低收入、低文化程度者居多。这些人性格偏执、内向居多，又对疗效不满、对社会不满、对前途不抱希望。

2. 防范暴力伤害方法

伤医、杀医的防范与处置是以防范为主，尽可能有效控制，避免发生伤害案件。其次是一旦发生伤害案件，及时制止暴力侵害的继续，最大可能地减少损失，保护医护人员人身安全。努力将暴力侵害行为消灭在萌芽状态，是防范目标。由于案件的发生防不胜防，保安员需要提高处置暴力伤医的能力。暴力侵害行为是在瞬间完成的，保护医护人员安全、减少损害的方法贵在神速，保安员应当遵循“及时发现、及时赶到现场处置”的原则。

（1）提高三室一点巡视密度。发生暴力袭击时，保安员应当1～2分钟内赶到现场。

（2）加强对医护人员的保护性巡视或守卫。发现医护人员周围有人跟踪的嫌疑时，为了防止可能发生的伤医案件，保安员应当跟随医护人员身后护送到目的地，或者跟随医护人员身旁不离左右，如果发生暴力侵害，能够瞬时产生保护措施。医护人员本人不知道受到保护，但对嫌疑人有威慑作用。

（3）实施以纠纷争吵为现场的警戒。发现病人及家属与医护人员争吵，保安员应当靠近现场，在不便于立即干涉的情况下，近距离观察现场人数、位置，思考处置方

案，预防纠纷激化，预防医护人员被伤害。

（4）发现有人携带疑似作案工具时，应当仔细观察，不能排除嫌疑的，开展跟踪观察直到解除嫌疑为止，嫌疑上升的应当适时报告。

（5）仔细观察脸露杀气的人。保安员如果发现嫌疑人，应开展跟踪观察直到解除嫌疑为止。

（6）发现医患之间有小争论、小交涉的纠纷情况时，保安员应在近距离范围内不露声色地观察，静观其变。

（7）提高听觉注意力，辨别异常声响，发现吵闹声或者砸物品声时，保安员应迅速寻声赶到异常声响地，查清情况，如果有暴力行为应立即制止。

（8）听到呼救声时，保安员应边报告、边奔赴现场，立即投入处置。

（9）发现暴力侵害时，保安员应立即报告，并通知附近岗位保安员赶赴现场，协同处置。

（10）发现暴力伤害行为时，保安员要敢于挺身而出，大声喝止，先声夺人，这有利于震慑对象，保护医护人员转移。

（11）对故意殴打、伤害行为，保安员须以身体阻挡行为人，保护医护人员，并且提醒行为人情绪冷静、理智，控制行为人行动。

（12）对持刀行凶行为，保安员应当奋不顾身，控制其手腕，抢夺其凶器。

（13）保安员应利用木棒、凳子、砖头击打对方，用泥土、沙粒等迷住对方眼睛，利用身上的腰带等物防身，发动群众，努力控制对象。

（14）保安员应保护伤员，抢救伤员。

（15）保安员应保护现场。

1.3.3 医患纠纷处置职责

1. 保安员在防激化、防扰乱、防暴力工作中的职责

（1）保安员工作不能减少医患纠纷，但是对已经发生的医患纠纷，保安员的加入可以发挥平息矛盾、保障安全的积极作用。对发生的暴力伤医行为，保安员能够有力地制止违法，确保医护人员人身安全。

（2）五种医患纠纷类型的处置要求。医患纠纷从平和到激烈，并发展为医闹或者医暴（伤医、杀医），是纠纷发展过程中矛盾性质演变的各种结果。保安员应当了解不同性质的矛盾有不同的处置要求。

1）医患纠纷初期，保安员应在场调和矛盾，防止激化。

2）发现纠纷激化隐患，保安员要帮助平息、缓和激化的矛盾，防止纠纷暴力化。

3）保安员要及时发现纠纷中暴力袭击倾向，及时报告，做好预防工作，制止暴力袭击。

4）发现暴力袭击医护人员案件，保安员要及时参与处置，保护医护人员，减少医护人员伤害，控制对象并配合公安机关处理。

5）因医患纠纷激化，转化为扰乱医疗秩序行为的，保安员要及时采取措施，维护医疗秩序，保障医疗工作正常进行。

2．保安员参与纠纷调解的工作方法

保安员可以参与医患纠纷的适度调解，并要讲究调解方法。

（1）控制赶赴现场的时间与人数。医患纠纷处于是非争论初始阶段，保安员的出现容易引起患者情绪激动，保安员人数比较多地出现，更容易引起医院以势压人的误解，成为激化矛盾的导火线。可以使用一个保安员或者便衣保安员到现场了解情况的方法，这是控制保安员参与节奏及强度的有效方法。

（2）站位控制。保安员到现场后，要站立到便于控制局面的位置，这个位置是能够有效保护医护人员安全、能够方便进出的位置。

（3）少发言，多观察，想办法。保安员不能一到现场就空话连篇，或者发表有明显倾向性的言论，这容易引起患者一方的对立情绪。保安员首先要了解情况，包括纠纷发生原因，对方人数、情绪、性格特点、矛盾激化程度，其次考虑平息对方情绪办法。

（4）委婉相劝。保安员不能起火上加油的作用，要灭火。保安员要态度温和、立场中立、不偏不倚，感情上同情对方，说话有理，告知对方冷静处理好处多，依程序调解合法有利。保安员通过劝说请对方坐下来讨论问题、寻求解决矛盾的最佳方案。

（5）有力劝阻。对方因情绪激动要冲进就诊室、医生办公室、拍片间、检查室等工作场所时，保安员一方面要好言劝说，另一方面需要用人数的优势以身体抵挡对方进入工作场所。筑人墙、堵入口，耐心劝、不动手。现场情况都应当用证据固定。

（6）依指令行动。保安员应根据领导指示行动。

3．保安员纠纷处置工作要求

（1）明确参与纠纷处置目的。保安员参与医患纠纷处置，避免措施不当激化矛盾。保安员应当牢记处置目的，一切措施的选择及运用都要围绕目的。参与纠纷处置目的是：平息矛盾，防范激化；保护医务人员人身安全；保护病人健康；保障医疗秩序正常进行。

（2）宁愿保安员受伤，不让医务人员受害。保安员在参与处置医患纠纷中有受伤害风险。当发生暴力伤医事件的时候，保护被伤害人的人身安全是当务之急，制止发生在本单位的违法行为是保安员的法定职责，必须挺身而出、全力终止暴力继续。保安员如果不能有效制止违法行为，应当以身相护被侵害人，用自己的身体保护医务人员的安全，宁愿自己受伤，不让医务人员受害，这是保安员职业道德的使命。

（3）具体问题具体分析是适用处置措施的灵魂。医患纠纷发展过程中呈现不同的类型，采用不同的方法解决不同性质的矛盾，处置方法的适用是解决问题的关键，具体问题具体分析。正确把握认识问题性质是选择恰当方法的灵魂，处置工作需要分析，不需要莽撞，要寻求有理有节的处理方法。

（4）了解有关法律法规的内容。《上海市医患纠纷预防与处置办法（草案）》明确“医患纠纷”所涵盖的范围主要包括：医疗机构及其医务人员与患者因医疗行为而发生的，患者要求医方承担侵权赔偿责任或违约赔偿责任的纠纷；医疗机构及其医务人员与患者因医疗行为以外的原因引发的纠纷，如违反安全保障义务、隐私保密义务等发生的纠纷；医疗机构及其医务人员在执业活动中与患者发生的其他纠纷。

医患纠纷发生后，患者要求封存病历资料或现场实物的，医疗机构与患者应当按照有关规定共同实施封存。请求赔偿金额在3万元以上的医患纠纷，医疗机构应当告知患方向医调委申请调解，并与患方共同接受医调委的调解。医患双方协商一致的，应当签署书面协议；协商不成的，可以向医调委申请调解或向人民法院提起诉讼。

三种途径解决医患纠纷：发生医患纠纷的，当事人可以依照本办法向医调委申请调解，也可以选择自行协商，或者向卫生行政部门申请调解，或者向人民法院提起诉讼。医调委依法独立调解医患纠纷，不受行政机关、社会团体或个人的干涉，同时不收取任何费用。

1.4 医院常见问题处理

1.4.1 常见管理问题处理

1. 机动车堵门的处理

有些机动车驾驶员随意停放车辆，堵住医院大门，影响人员进出。保安员应当礼貌规劝，告知利害关系，不要对骂。少数人纹丝不动的，保安员可以拍照固定证据，其作用是产生心理压力，并且作为向有关方面反映问题的证据。车辆堵住大门是扰乱医院秩序的行为，可以报警请求警方处理。

2．发现留宿人员处理

保安员发现社会人员在医院借地留宿过夜，首先应礼貌询问，确认是临时治病休息还是留宿过夜的性质。如果是留宿过夜，保安员应询问原因，并告诉对方无论什么原因都不能在医院留宿过夜，医院不是公共场所，劝其离开医院。有特殊情况不能立刻离去的，保安员应向总值班汇报请示，根据上级指示办事。在劝说过程中，发现对方有身份可疑迹象的，应报警处理。

3．医院某科室有异常情况，保安没有钥匙的处理

保安员发现某部门房间有异常情况，需要进入检查，但是保安员没有钥匙。有两种处理方法：第一是及时向上级报告某处发现隐患，由上级部门指定专人负责检查；第二是应当由保安员自己进入检查，即向队长、有关部门、总值班请示，发出拿钥匙的请求，由他们协助解决。

4．群众欲投诉，询问院长室的处理

根据近几年医患矛盾特点，如果保安员知道群众欲投诉而询问院长室，可以告知受理投诉部门的地址及方向，引导群众直接去职能部门投诉。医院受理投诉执行分类分层管理制度，以此减少医院领导行政工作繁忙的压力，提高纠纷处理效率。如果群众坚持找院长，可以请投诉人到受理投诉部门询问，是否由院长室接待，然后由职能部门决定。保安员回答投诉询问的原则是支持群众投诉，按照流程工作。如果是找院长室联系工作或者朋友来访的，可直接告知。

5．个别患者插队不遵守秩序又强词夺理的处理

保安员发现有人插队，应当阻止，这是维护医疗秩序的工作。保安员不管理、不阻止插队现象，对其他群众是不公正的，会引起其他群众的意见，还会导致更多人插队，最终造成秩序混乱。保安员阻止插队的方法要适当，应态度温和，说话客气、让对方容易接受，不要发生冲突。保安员也可以问清有没有特殊情况，特殊情况特殊解决，但是要取得群众的谅解与支持。确实存在插队不遵守秩序又强词夺理的现象，保安员应当请对方出列。保安员不要动手拉，避免矛盾激化，但是可以告知窗口工作人员不受理插队挂号，让插队者的目的不能实现，并把窗口工作人员不受理插队挂号的制度事先告诉插队人员，规劝对方配合工作。

6．群众财物遗失向保安员报案的处理

保安员接到群众财物遗失的报案，要仔细问清遗失时间、地点、情节等过程，然后查看现场，厘清财物遗失过程，并及时向上级报告，请监控室回放录像，协助查找真相。如果定性为盗窃案件，并且发现盗窃嫌疑人，应当采取措施扭获。定性为盗窃但没有发现嫌疑人的，是否需要向公安机关报案，由报案人决定。对于重大盗窃案，保卫机构直接报警。

7. 个别人不尊重保安员，谩骂保安员的处理

文明执勤、礼貌待人是保安员的职业道德规范。保安员在任何条件下都应当遵守职业道德规范。保安员要忍住，自己淡定不发火，发火也无助于解决问题，反而产生不良后果。不以说话多少论是非，谩骂保安员的人，骂人话越多越不得人心，越凶越不得人心。保安员文明礼貌解释几句话，话虽然少但效果好，保安员工作在人心，不在乎一个人谩骂的得失。

8. 记者在医院因医患纠纷采访病人家属的处理

记者采访仅仅是记者的自由，公民有权接受或者拒绝，记者采访病人家属是他们双方的事情，保安员不要干涉。采访自由是受时间、地点、内容、方式等制约的，不是绝对自由的，记者采访也有行业规范。记者在医院因医患纠纷采访病人家属，应当在时间、地点、内容的选择上考虑维护社会利益、维护公民利益、维护医院医疗秩序，保安员对影响医疗秩序的采访应当管理、协调、引导。

9. 现场保护工作的处理

医院内发生治安刑事案件，保安员到达现场时首先需要做宣传保护工作。一是划定现场保护的范围。如果属于作案的室外现场，划定的现场保护范围应当立即拉上警戒带，布置警戒，也可以利用“人墙”或者放置障碍物等方法设置警戒区，禁止一切行人、车辆通过，阻止围观群众靠近。如果属于室内作案现场，主要是封锁住出入口，并且控制好现场周围地带。二是重点看守保护现场物品、痕迹。保安员不要乱走乱动，不准从嫌疑人进出的通道通行，对散落在地面的衣物、文件、纸张、作案工具等物品，一律不准接触和移动。三是如果有伤亡人员，保安员应当采取急救措施。四是保安员应注意倾听群众议论，发现知情人和目击者。五是汇报，即等警察到现场后，保安员应向到场的公安勘查人员汇报情况。

10. 高楼坠落、自杀事件的处理

发现高楼坠落事件时，保安员应以最快速度赶到现场。到现场后，查验坠落人伤势情况，确认是否需要抢救，尚有一丝生命体征的，应采取措施送往急诊间抢救。如果已经死亡，应使用警戒线或者其他路障，设置警戒区封锁现场，警戒区域面积的下限以公安机关能够开展现场调查为准，或者以坠落物、血迹散落范围为警戒范围。警戒带是用于依法履行职责而在特定场所设置禁止进入范围的专用标志物，普通的警戒带在一般的劳保店里就有卖。保安员应当做有心人进行现场访问，查清自杀者身份、从何处跳楼，将死者身份情况立即向有关部门报告。高楼坠落是否自杀，由有关部门调查确定，保安员没有确认权利。有关部门或者警方到现场后，保安员听候调配协助工作，根据上级指示撤销警戒。

1.4.2 常见案（事）件处理

1．严惩六类涉医违法犯罪行为

2014 年 4 月 22 日，最高人民法院、最高人民检察院、公安部、司法部、国家卫生计生委联合公布了《关于依法惩处涉医违法犯罪维护正常医疗秩序的意见》，对医院内六类涉医违法犯罪行为进行严惩。

（1）依法惩处在医疗机构内殴打医务人员或者故意伤害医务人员身体、故意损毁公私财物的行为。这些行为尚未造成严重后果的，将作为治安案件，给予行政拘留、罚款等治安处罚；故意杀害医务人员，或者故意伤害医务人员造成轻伤以上严重后果，或者随意殴打医务人员情节恶劣、任意损毁公私财物情节严重，构成故意杀人罪、故意伤害罪、故意毁坏财物罪、寻衅滋事罪的，依照刑法的有关规定定罪处罚。

（2）依法惩处在医疗机构及其公共开放区域采取违规停放尸体、私设灵堂、摆放花圈、焚烧纸钱、悬挂横幅、堵塞大门等方式扰乱医疗秩序或者其他公共秩序的行为。这些行为尚未造成严重损失，经劝说、警告无效的，要依法驱散，对拒不服从的人员要依法带离现场；对首要分子和其他积极参加者给予行政拘留、罚款等治安处罚；造成严重损失或者扰乱其他公共秩序情节严重，构成寻衅滋事罪、聚众扰乱社会秩序罪等罪名的，依照刑法的有关规定定罪处罚。

（3）依法惩处非法限制医务人员人身自由的行为。以不准离开工作场所等方式非法限制医务人员人身自由的，依照治安管理处罚法的有关规定处罚；构成犯罪的，依法追究刑事责任。

（4）依法惩处公然侮辱、恐吓医务人员的行为。公然侮辱、恐吓医务人员的，依照治安管理处罚法的规定处罚；采取暴力或者其他方法公然侮辱、恐吓医务人员情节严重（恶劣），构成犯罪的，依法追究刑事责任。

（5）依法惩处非法携带枪支、弹药、管制器具或者爆炸性、放射性、毒害性、腐蚀性物品进入医疗机构的行为。有这些行为的，依照治安管理处罚法的规定处罚，最高可处 15 日拘留；危及公共安全情节严重，构成犯罪的，依法追究刑事责任。

（6）依法惩处故意扩大事态、教唆他人实施涉医违法犯罪行为，或者以受他人委托处理医疗纠纷为名实施敲诈勒索、寻衅滋事等行为。

2．常见部分案件处置

（1）打架斗殴的处置。殴打他人是故意伤害他人身体健康的违法行为，有一方殴打另一方，也有双方互殴。医患纠纷中比较多的是一方殴打另一方。打架斗殴的处置要求是迅速隔离双方，控制事态进一步发展，脱离肢体接触以减少损伤程度。

群众之间互殴的，应将殴打各方就近带至不影响他人的地方，对矛盾双方当事人进行简单调解，正确认识和解决双方间的摩擦，如双方仍要求到公安机关处理的，请其自行报警。

单方殴打医护人员的，保安员要保护医护人员离开现场，直接到派出所报案并验伤，同时，在现场控制行为人并送到派出所报案，或者拨打110报警由警察到现场处理。在处理过程中用多种方法保护现场证据。

（2）小规模械斗现场处置。群众双方发生小规模械斗，保安员发现或者接到紧急参与信号，应当携带保安器械迅速赶赴现场。保安员到现场后，应立即判断是否有控制现场能力，能力不足的视情况请求增援，并选择有利位置大声劝告、喝止械斗。保安员要有侧重地劝告、拉住攻击性强的一方，对双方都要收缴斗殴工具。采用人海战术参与小规模械斗处置，需要比较多的保安员才能有所作为，同时也能提高医院安保的威慑力。对医院而言，发生小规模械斗是比较严重的案件，必须严格处理防止以后再发生，所以应报110请警方处理，110报警的时间段是在开始、事中、事后，应当根据械斗情节确定。获取证据、劝告疏散围观人群谨防误伤以及救治伤员是小规模械斗现场处置的三项基本工作。

（3）寻衅滋事案件的处置。医院发生寻衅滋事案件是指一人或者多人在医院无事生非、起哄捣乱、无理取闹、无故殴打他人、肆意挑衅、横行霸道、破坏医疗秩序的行为。侵害的客体是社会公共秩序，对象是不特定的。

保安员发现寻衅滋事行为，可以立即报告或者报警，并通知附近岗位保安员赶赴现场，协同处置。对随意砸毁物品的行为，要及时制止，并且保护重要物品不受损坏。对随意打人的行为，应立即劝阻、制止，保护被侵害人。保安员要设法保护没有受到攻击，但受到影响的其他接受治疗的病人。无法制止寻衅滋事行为、不能当场平息事端时，保安员要边宣传、边等待增援力量。保安员要注意观察寻衅滋事行为人的违法过程，向警方提供真实详细的证人证言。保安员有控制力量的，应当将违法犯罪对象移出现场，移送派出所或者在空房间看管等待警方处理。

保安员对群体性滋扰行为，应立即报告闹事者人数规模，要求调集相同规模或者大于闹事者规模的保安员及员工到现场宣传、劝说和制止。在事态得以控制的情况下，保安员要维护好现场。同时，保安员要清点损失以及收集有关证据材料，寻找证人，为后期处置做好准备。保安员要及时救治伤员，并且迅速恢复现场正常秩序。

对醉酒人在急诊间打砸闹事的处理，保安员应当调集力量，采取制止、控制的措施。治安处罚法明确规定醉酒的人违反治安管理的，应当给予处罚，同时治安处罚法赋予采取保护性约束措施的权利。保安员应依据正当防卫规定，对醉酒的人采取约束措施。

（4）不让医院将尸体运送太平间的处理。病人死于病房、门急诊部门、手术室等时，有些家属因各种原因拒绝尸体移送太平间，长时间地堵在现场，影响医疗秩序。保安员接受指示参与现场处置时，应当判断阻挠移尸的情绪程度、阻挠力量、主要负责人，采取积极态度向家属做宣传工作，要理解家属情绪，也要告知违规停尸构成违法。在医疗机构焚烧纸钱、摆设灵堂、摆放花圈、违规停尸、聚众滋事的，可以扰乱医疗秩序定性处罚，也可以依因停放尸体影响他人正常生活、工作秩序，不听劝阻的，定性处罚。宣传劝导工作既面向全体家属，也要盯住主要负责人，以缓解情绪为主。保安员是否需要动手移尸，应听从领导决定。如果拨打 110 报警，警方到场后家属仍然不予以配合，视为不听劝阻，警方可以采取追究法律责任的行动，同时动手移尸。保安员的态度应当人性化、法制化，争取群众及舆论的支持。

（5）病人家属在医院设灵堂的处理。病患家属认为逝者是由于医生手术过失造成死亡的、故在医院门诊大楼前架设灵堂向医院讨要说法的，保安员接报到达现场后应当积极地开展工作。保安员应站位布控设置警戒区，保障其他区域医疗工作正常开展。保安员应宣传、劝说、告知不应采取在医疗机构及其公共开放区域采取违规停放尸体、私设灵堂、摆放花圈、焚烧纸钱、悬挂横幅、堵塞大门等方式扰乱医疗秩序或者其他公共秩序的行为。如果尚未造成严重损失，经劝说、警告无效的，要依法驱散，对拒不服从的人员要依法带离现场；对首要分子和其他积极参加者给予行政拘留、罚款等治安处罚；造成严重损失或者扰乱其他公共秩序情节严重，构成寻衅滋事罪、聚众扰乱社会秩序罪等罪名的，依照刑法的有关规定定罪处罚。保安员应告诫家属采取合法途径解决医疗纠纷，医闹将增加医疗纠纷解决的难度。保安员应主动进行取证，监控探头调好角度保持正常运转，拍照固定证据，物色旁证。保安员应准备处置可能发生的殴打他人、火灾、悬挂物掉落砸人等案（事）件，配合警方工作。

1.5　医院五类医患冲突应急处置

1.5.1　医院急诊室肢体冲突应急处置

1. 急诊室肢体冲突应急处置概述

(1) 殴打他人法律责任。殴打他人是指行为人公然实施损害他人身体健康的打人行为。行为方式一般采用拳打脚踢，或者使用棍棒等器具殴打他人。依据法律规定，殴打他人属行为犯，即只要有证据证明行为人实施了殴打他人行为，不论其是否造成被侵害人受伤，即应当予以治安管理处罚。

(2) 肢体冲突的种类。肢体冲突即面临两种互不相容的目标时，两者之间的矛盾爆发，通过肢体动作表现出来，近距离攻击对方的身体行为。肢体冲突一般划分为五类：单个人与单个人之间的肢体冲突；单个人与两个人之间的肢体冲突；单个人与多个人之间的肢体冲突；两人与单个人之间的肢体冲突；多人与单个人之间的肢体冲突。

2. 处置潜在威胁性冲突的方法

医院保安员应随时密切关注医院急诊室潜在的或可能发生的肢体冲突，努力找出冲突的发生根源，采取适当措施加以处理。对于可能带来不利影响的破坏性的肢体冲突，更应予以密切关注和重视。处置威胁性冲突，总的处置思路为：医护人员与对立方“隔离、分开、冷处理”。

(1) 操作方法。处置潜在威胁性冲突的操作方法是多种多样的，一般有以下几种。

1) 协商解决法，即经过冲突双方或多方协商，以求达成一致的意见。

2) 求同存异法。这一方法尤其对于解决医患“鸡毛蒜皮”一类的冲突有必要，对于解决重大问题的冲突，也有积极作用。冲突不应只是对立，还应相互启发，相互谅解和让步。

3) 调整政策法。如果是在救治上确有不合理之处，就需要提示有关人员调整救治方法，使之合理，这样才能使冲突得到良好解决。

4) 另寻出路法。医患冲突双方各有某些道理，但又都有明显不足，这时就要考虑寻找别的途径。

5) 仲裁解决法。在双方争执不下时，由院领导或权威机构经过调查研究，判断孰是孰非。

6）权威解决法。有时对肢体冲突双方很难立即做出对错判断，但又急需解决冲突，这时就需要由权威人士（机构）做出并不代表对错的裁决。但裁决者应负起必要的责任。

7）暂缓解决法。有些医患矛盾双方存在冲突，但一时又难以断定是非，如果不是急需解决的问题，不妨先放起来“冷却”一下，暂缓解决。

（2）冲突的结局。一般来说，冲突预后有两种可能性：或者激化，或者解决。具体地说，冲突的结局可能有以下几种情况。

1）一方克服一方，或一方服从一方。冲突双方经过谈判、裁决、投票表决等，一方被证明（或裁决）为正确（或可取），则居主导地位；而另一方则服从之。

2）双方僵持不下，继续维持现状。冲突的双方，或势均力敌，或分歧太大，或互不相让，一时解决不了，就有可能僵持下去，另寻时机解决。

3）双方意见各有道理，不易统一，也不宜统一，可各自保留意见，随着时间的推移在实践中解决。时间和实践中证明，双方的意见并不互不相容，都是可行的。

实质上，冲突的出路只有一条，那就是解决、化解。因为，矛盾激化的最后，还得解决；双方僵持不下，坚持下去，不是长久之计，最终还要找出解决的方法。所以，冲突一旦发生，就要想方设法予以解决。至于用什么办法解决，那要看领导者的水平与艺术以及有关条件；至于什么时候能解决问题，那就要看时机了。

3. 处置急诊室肢体冲突的实战原则

医院保安员处置急诊室肢体冲突时：坚持“护卫为主、武力为辅、慎用装备、不战为上”的处置原则；根据对方袭击的部位，调整控制力度等级；坚持“应急反应、快速移动、接近对象、保护医护人员、截停隔离、距离站位、语言控制、徒手控制、装备控制、报警求援”的战术原则。

4. 处置直面威胁性肢体冲突的方法

对于眼前感受到威胁性的医患冲突，处理办法最关键的是未雨绸缪，防患于未然。保安员应密切关注，跟紧监视，近距离守护。

（1）防范为主，做好准备。对于威胁性肢体冲突，要早预测、早发现、早解决，不使之加剧、升级、恶化，造成大的损失。这就需要灵敏的信息、专业的观察、正确的研判、恰当的方法。

（2）保安员手持短保安棍和盾牌处于高度戒备状态，随时准备出击。

（3）保安员要在第一时间内将现场的情况、发展态势，及时上报有关人员，信息不能间断。同时要请求增援，加强保安员的力量。

5. 急诊室肢体冲突处置的技战术动作

医院保安员之间的技战术配合是保证医护人员安全的一个重要的方面。一般情况下，医院保安员执勤多为1～2人，而医护人员遇袭时医院保安员大多是未在场情况下发生的。在日常的安保工作中，要求医院保安员把握好以下工作要求：

（1）医院保安员行动前，在战术上要计划好、准备好。

（2）保安员动作操作时应根据对方打击的等级来确定防守反击的力度，即是否使用长短保安棍。

（3）保安员要提早亮明身份。

（4）保安员不要过分刺激对方以免引发更强的战斗本能。

（5）保安员截停接近时站位一定要正确，保证医护人员在安全距离以外，必须有一人专门负责安全保护。

（6）保安员对肢体冲突一方的打人者一定要控制住其手。专门负责保护医护人员的保安员，要始终监控住对象的手。

6. 急诊室医患冲突守护防卫战法

（1）方法之一：时刻保持警觉。近年来，医护人员遭到患者或家属的人身袭击事件凸显，而且医院的急诊室更是高危险的集中地点。

由于医院属于公共场所，任何人都可以自由出入。因此，医护人员无论何人、何时、何地，都可能遭受人身暴力袭击，其潜在危险概率远远高于其他职业。因此，医院保安员要做到内紧外松、时刻保持警惕、防止发生袭击的事件。许多暴力袭击事发前会有一定的反常预兆，如陌生人、愤怒的人、争吵升级的人等靠近医护人员；或灯突然熄灭、门外突然发生喧闹、身后有急速跑步声等都是危险的信号；有些暴力袭击者为达到突然性以便得逞，会选择一些特定时机，如在医护人员开门时、查病房时、下车时、路口拐弯时、接听电话时突然发动袭击。因此只要留意平时的反常情况或特定细节，养成良好的安全防范意识和方法，就能及时发现、识别、应对袭击、减少伤害。

（2）方法之二：注意距离站位。医院保安员和医护人员应对身体暴力袭击的最好办法就是与危险源或攻击者保持安全距离，为应变争取时间，因此一定要养成安全距离意识。安全距离不仅是指远离对方，如果能利用（制造）阻碍对方迅速靠近的障碍物也是安全距离的一种。又如遭遇暴力袭击，守卫医护人员无条件迅速摆脱时，可以绕着桌、椅、文件柜、柱子等障碍物与对方对峙，争取支援或寻找反击机会。

（3）方法之三：力争化解危机。当肢体攻击者有企图暴力袭击的趋势，但尚未发动攻击时，医院保安员切忌用过激言行激化矛盾，防止对象采取过激行为，而应尽量攻心智取，缓解、化解冲突，稳住局面，积极争取以最小的代价获取最大的收益。如医院保安员表达对其正当诉求会积极对待的善意，如指出其过激行为会产生严重的法律和经济后果。

7. 急诊室肢体冲突应急处置实训演练

实训科目：医院急诊室保安员控制肢体袭击犯罪嫌疑人

（1）实训目标

1）通过医院急诊室肢体攻击医护人员应急武力处置课程的学习、训练确保医院特勤保安员具有保护行为能力，能够在平时预防肢体性冲突事件的发生，以及能够在突发袭击事件第一时间起到及时制止、保护和反击的作用，基本掌握医院保安员防卫的战法。

2）进一步提高长短保安棍、盾牌攻防对抗实战的能力；提高医院保安员徒手和盾牌实战能力；掌握徒手防卫实战应用技能。

3）基本掌握医院保安员执勤时遇到医患肢体冲突的紧急情况下正确的应对措施与方法。医院保安员防卫保护医护人员的实战能力。

4）通过场景实战演练，提升医院保安员对保护防卫基本理念的理解、掌握和运用，同时对医院保安员的训练水平、学习效果作一检验核定。

5）提高法律、程序、安全与战术意识，培养良好的应急反应能力。

（2）实训保障

1）人员：2 名保安员、1 名攻击者。

2）装具：保安长棍、手电筒、盾牌、控制暴恐钢叉、灭火器、警戒带、木棍、脸盆等。

（3）背景资料

【案例 1】某日 21 时 40 分左右，女患者李某因头晕、心前区疼痛，到市三甲医院急诊室治疗。22 时 30 分左右，病人突然心跳呼吸停止，经抢救无效死亡。情绪激动的家属认为是医护人员用药不当和抢救不力导致的，于是大声吵闹、辱骂，并对值班的女医护人员缪某和女护士赵某开始威胁、推搡、拽头发、拳脚相加，又摔打办公用品。

【案例 2】某日 14 时，患者钱某在三甲医院做膀胱镜检查，突遇停电，膀胱镜上一金属片掉进金某膀胱。院方采取措施，当晚 9 时之前取出金属片。随后几天，双方在医药费上发生争执。钱某认为院方还应承担医疗事故责任。钱某的亲属高某等要求负责钱某治疗的张医护人员写一份“医疗事故经过说明”。张不同意，高某等就对其拳打脚踢。随后1个多小时，高某等以暴力限制张的行动，不让他离开病房。9时30分，市公安局民警接报警赶到，张被解救，其颈部、胸部多处留下伤痕，右脚第五趾骨骨折。

【案例3】某月21日10时55分，31岁的患者陈某因左侧胸部刀伤被送入医院急诊科就诊，患者血压测不到，左胸侧壁后下有一个约4厘米的伤口，有活动出血和气泡溢出。接诊医师立即为患者封闭伤口，下达建立静脉通道医嘱，快速补液抗休克，考虑患者为胸腹联合伤，立即护送患者进行胸腹CT检查。CT提示，左侧血气胸，左肺压缩80%~90%，腹腔少量积液积血。12时25分，护送患者至重症监护室，经重症监护室抢救治疗无效，14时30分宣布患者死亡。

当日15时，患者家属将死者遗体移至太平间。16时15分左右，一批患方人员冲进急诊科诊室，殴打接诊医师，并欲将其拖到太平间死者面前，中途被该院职工解救。患方人员随后将急诊科大门、门诊大门封锁，并打砸医院办公设施。

（4）处置技能考核：如果你当班执勤，现场将如何处置？

要求保安员回答操作程序：医院保安员要立即作出反应，快速移步接近打人者。在口头命令控制的同时，手持盾牌，冲入急诊室内用盾牌格挡、防守打人者的袭击。若一意孤行继续殴打，可使用短保安棍防守或运用擒拿格斗技术当场控制对方，力争一招制敌。同时，保安员分工：报告110；报告120急救；现场群众求助；现场急救等相关工作。

（5）演练程序：医院急诊室的医院保安员处置徒手打人者一般采用语言控制、盾牌防守相结合的方法，在口头警告无效时，再果断使用保安棍、盾牌防守格挡，即边防守、边格挡、边警告、边制止。保安员应以平等协商对话的方式解决肢体冲突。

1）当接到事件报告或听到急诊室有异常响声、医患争吵声时，特勤保安员应立即作出反应，快速赶到急诊室。

2）用语言控制。保安员应大声命令袭击者“住手，我是医院保安员！打人违法，要负法律和经济代价的，要冷静些，有什么事，我们可以坐下来谈”。保安员说出的话让对方意识到其行为所带来的后果。

3）保安员应手持保安棍、盾牌垫步上前格挡，近距离阻断拦截打人者，将医护人员与对象有效分开，并设立3米左右的安全“缓冲带”，不准双方肢体接触。

4）一名保安员持保安棍、盾牌、短保安棍在前面防守、格挡；另一名保安员持盾牌守护医护人员快速转移，远离危险点。

5）保安员应同时请求身边的人协助报告或自己打电话报告上级请求增援。

6）保安员在制止打人者的同时，派出两名保安员对其实施管控。

1.5.2 医院病房棍棒袭击应急处置

1. 病房棍棒袭击应急处置概述

在医院内，当意外死亡出现时，医患双方都需要冷静对待，共同协商解决，必要时诉诸法律途径。政府应该建立规范的医疗纠纷处理渠道，坚持公平、公正、法治，从而维护医患双方利益。

近年来，在发生好几起致命事件后，对袭击医护人员事件的担忧一直在增加。促使暴力事件激增的因素包括医患沟通问题、高额的医疗费和病患对治疗的不满。

棍棒可能是所有有效武器中最简单的一种。将一块木头切成便于挥动的木棍，或随手觅得一根便于挥动的器具，都可作为棍棒。棒球棍、斧头柄和锄头柄都是最常见的棍棒。警方通常称其为冲击武器或冲击工具。袭击是指对不防备的人员突然实施攻击的殴打行为，是最基本的攻击方式之一。

2. 病房棍棒袭击应急处置的实战原则

总的处置思路为：医护人员与对立方“隔离、分开、冷处理”。医院保安员应急处置病房持棍棒攻击医护人员时：坚持“护卫为主、武力为辅、慎用装备、不战为上”的处置原则；根据对方袭击的部位，调整控制力度等级；坚持“应急反应、移动脚步、紧急出棍、语言控制、接近对象、格挡防守、护卫医护、截停隔离、距离站位、徒手控制、装备控制、报警求援”的战术原则。

3. 病房棍棒袭击应急处置的技战术动作

医院保安员之间的技战术配合是保证医护人员安全的一个重要方面。在与持棍棒方对峙时，应勇于靠近，最佳站位是在木棍中段击打范围之内，即使被棍棒击中，也不会重创。相反，保安员应以最快的速度接近歹徒，利用战机，充分发挥长短保安棍的格挡威力，快、准、狠地控制对方。但是，不要过分刺激对方以免引发更强的战斗本能。

一般情况下，医院保安员执勤多为1~2人一组，而医护人员遇袭时，医院保安员大多是未在场情况下发生的。

在日常的安保工作中，要求医院保安员把握好以下工作要求：

第一，医院保安员行动前，在战术上计划好、准备好，警觉程度高。

第二，动作操作注意的重点。

第三，提早亮明医院保安员人员身份。

第四，截停接近时站位一定要正确，保证医护人员在安全距离以外，必须有一人专门负责安全保护。

第五，对持棍棒打人者一定要控制住其手。专门负责保护医护人员的保安员要始终监控住对方的手。

4. 病房保安棍反击技战术

病房保安棍处置技术主要以格挡、支撑和戳击为主，不采用或少采用上劈击、左右抡砸的攻击性动作，以避免激怒对方。

保安员要扬我之长，攻其之短，有效地避免和防范持棍棒者的攻击。使用保安棍技术的一般战术原则是：坚定勇敢、沉着冷静、机智灵活、快速格挡；把格挡防守与心理战结合起来，以使对方丧失斗志和反抗能力；以策略分散对方的注意力，充分利用地物、佯攻动作，巧妙地控制对方。

（1）紧逼进攻技战术。紧逼进攻其实并不等于就是抡砸劈击，而是诱惑对方的一种手段，主要用来对付手持棍棒的防守型的对手，这是一种战术性的进攻。

医院保安员运用这一战术要注意控制对手的棍棒，注意在近距离连续交锋，要从远距离开始向前紧逼，在紧逼的过程中利用步频、步幅、节奏的变化来控制接近对手的距离，并通过挥舞保安棍威胁对手，制约对方出手，迫使对手始终处于被动的状态。在紧逼过程中，既不放过场上任何有利于进攻的机会，又要随机应变地采取行动夺取主动权。

紧逼进攻的行动能否奏效，关键在于意图是否隐蔽，是否能获得有利于进攻的距离与时间区段。

（2）防守反击战术。防守反击战术主要用来对付反攻能力强的对手，采用这一战术的医院保安员要分清对手的真、假进攻意图。在不知对手底细的情况下，一般先采用保安棍防守的同时拉开距离。然后，找准对手空挡，突然格挡控制。

（3）运用战术动作控制。通过各种虚晃动作来诱骗对手的防守，然后针对对手的防守破绽进行进攻。在进攻中，逼近动作要短促有力，上步出棍有时要故意抬臂、提膝，或动作显得过大；有时出招一半，使对方出招防守，迫使其露出空档。假动作运用时，意图假，但动作必须真。

5. 病房持棍棒袭击守护防卫战法

（1）方法之一：寻找工具。一旦发现病房有医护人员有遇袭危险或突遭袭击，保安员要快速冲向袭击者，在与持棍棒者奋力周旋的同时，如果没有或来不及使用保安棍，可充分利用身上（边）所能触及的一切物品（如外衣、皮带、包、笔、茶杯、椅子、烟灰缸、书、文件夹、电话机等）防卫和保护医护人员。

（2）方法之二：合力控制。一定要发挥团队优势、合力制服袭击者，过程中要注意三点。

一是意识和行动要体现“同进、同退、同控”的合力效果，切忌步调不一，特别是临场退缩（逃）。因为一旦有一个医院保安员退缩（逃），就会给其他人员造成极大的心理影响，导致人心涣散、各自为战。

二是行动时要注意分工配合，多点进攻，不要争挤一处，反而互相制约。例如，保安员一人与持棍人正面对峙，其他人就设法迂回到其侧（背）面；一个保安员控制其上体部位，其他人就同时控制其下肢；一个保安员设法压服持棍者，其他人就设法抢夺棍棒；一个保安员控制其左手，其他人就控制其右手。

三是要出动快，及时支援。一旦接收到保安员求援的信息，要迅速行动，不要犹豫。因为医院保安员越是优势，制服对方的概率就越大。否则就会被对方各个击破，造成更大的危害。

（3）方法之三：一招制服。在医院遭遇持棍棒者袭击退无可退，或躲避会引来更大伤害（如身后有无辜群众）之时，保安员运用战术与之周旋的同时，条件允许时可以创造时机、出其不意、攻其不备，一搏制胜。如假装歹徒背后有人，骗其回望时，突然控制。

6．病房棍棒袭击应急处置实训演练

实训科目：医院病房保安员控制袭击者

（1）实训目标

1）通过医院病房持棍棒攻击医护人员应急处置课程的学习、训练确保医院特勤保安员具有安防保护行为能力，能够在平时预防持棍棒冲突事件的发生以及能够在突发袭击事件第一时间起到及时制止、保护和反击的作用，基本掌握医院保安员防卫实战“六法”。

2）进一步提高保安棍、盾牌攻防对抗实战的能力；提高医院保安员徒手和盾牌实战能力；掌握徒手防卫实战应用技能。

3）基本掌握医院保安员执勤遇到医患持棍棒冲突的紧急情况下正确的应对措施与方法，医院保安员的防卫保护医护人员的实战能力。

4）通过场景实战演练，提升医院保安员对保护防卫基本理念的理解、掌握和运用，同时对医院保安员的训练水平、学习效果作一检验核定。

5）提高法律、程序、安全与战术意识，培养良好的应急反应能力。

（2）实训保障

1）2 名保安员、1 名持棍棒者。

2）装具：保安长短棍、盾牌、手电筒、控制暴恐钢叉、灭火器、警戒带、木棍、脸盆等。

（3）背景资料

【案例 1】某年 9 月 2 日，某市三甲医院，怀孕护士惨遭病房患者家属持棍棒殴打致流产、其丈夫也被殴打可能致残。

2 日晚 9 时许，护士张某向值班医生反映 7 床病人病情严重。在对调仪器不会影响观察、治疗的情况下，院方作出说明并经病房 3 床病人王芬和陪护同意，调换监护仪。4 日凌晨王芬的儿子陈某回来，对此极不认同，并冲到护士站大声辱骂张护士，其后对怀孕 5 个月的护士张某进行持拖把和棍棒殴打，造成她先兆性流产和胎盘早剥的惨剧。张某前来送鸡汤的丈夫田某也未能幸免。陈某叫了两名男子冲进病房，殴打张某和田某。田某的 3 根腰椎横突骨折，头部和面部多处受伤，胸部神经损伤，腿下肢麻木，被疑是神经性受伤，可能致残。

【案例 2】某年 5 月，章某之父因病到医生徐某处就诊，徐某初诊为皮肤病。后章某的父亲转至市三甲医院，被确诊为肝腹水，不久去世。章某认为其父死亡是徐某误诊造成。经市医学会鉴定，章某父亲的死亡不属于医疗事故。12 月 20 日，章某听说医生徐某晚上在住院病房值班，便持棍棒在徐某必经之地等候。待徐某行至该处时，被章某用棍棒殴打致死。

（4）处置技能考核：如果你当班执勤，现场将如何处置？

要求保安员回答操作程序：医院保安员要立即作出反应，快速移步接近持棍棒打人者。在口头命令控制的同时，手持保安棍、盾牌，冲入病房室内用盾牌格挡、防守；用保安棍戳击；或运用擒拿格斗技术当场控制对象，力争一招制服。同时，保安员分工：大声呼喊“来人啊”；命令对方“住手！打人违法，要受到法律、经济制裁”；报告 110；报告 120 急救；现场群众求助；现场急救等。

（5）演练程序：如果你当班执勤，现场将如何应急处置？

特勤保安员应急处置持棍棒打人者一般采用“语言控制与盾牌防守”相结合的方法，在口头警告无效时，果断使用保安棍和盾牌反击、格挡，即边防守反击、边格挡、边警告、边制止。医院保安员一般以格挡和戳击为主，实施有效的防护与反击。

1）当感觉到病房有异常时，特勤保安员应立即作出反应，评估危险源，找到危险点，快速移动脚步赶赴病房。

2）用语言控制。大声命令袭击者："住手，我是医院保安员！打人违法，要冷静些，有什么事，我们可以坐下来谈，打人的后果要负法律责任，要受到法律制裁和经济制裁。"

3）保安员应手持盾牌垫步上前格挡，近距离阻断拦截打人者，将医护人员与对象有效分开，并设立3米左右的安全"缓冲带"，不准双方肢体接近。

4）一名特勤保安员持盾牌、短保安棍在前面防守、格挡；另一名特勤保安员持盾牌守护医护人员快速转移，远离危险地带。

5）同时请求身边的人协助报告或自己打电话报告上级请求增援。

6）在制止打人者的同时，派出两名保安员对其实施管控。

1.5.3 医院手术室持刀袭击应急处置

1. 手术室持刀袭击应急处置概述

医院是任何人都可以出入的场所，在医患矛盾突出的医院，医生遭受袭击的概率远远高于其他职业。

手术室是为病人提供手术及抢救的场所，是医院的重要技术部门，是医院对患者实施手术治疗、检查、诊断并担负抢救工作的重要场所。作为综合性医院的手术室，每天除要完成大量择期手术外，还常常会有很多意外的紧急情况发生。

从以往持刀袭击的案（事）件分析来看：对方用刀刺要比砍的危害性严重得多。因为手握的刀把将刀尖刺入人体内时，持刀者会用腿脚、腰胯、胳膊、手臂之合力继续加力将刀刺入对方体内。所以，防范刀、锥子等刺入方式袭击尤为重要，也一直是讲究的重点。

（1）要判断对方的刀形，是砍刀（菜刀、西瓜刀）、尖刀（匕首）、双面刃、还是单手刀。砍刀的特点是背厚、刀重。

（2）评估判断对方有几个人，以及他们是否要动手。如果是多人，而且是对方有伤人倾向，在保安员只有一个人的情况下，为了保护医护人员可以让对方来追保安员。运用的策略应是不停地跑动，把对方拉成一条线，然后寻找机会。

（3）盯牢对方拿刀手腕。在评估判断对方使用何种刀具的基础上，要从刀的握法上来评估对方是砍杀还是刺杀。砍刀看起来很恐怖，但杀伤力远不及刺刀，防卫的动作很简单，就是盯着对方的拿刀手腕，在对方进攻的那一瞬间，一定要突然地主动近身，和对方离得越近越好。

（4）寻找时机猛击对方的脸部。保安员在用自己的左手紧紧抓住对方的拿刀手腕时，右手猛击对方咽喉、眼睛、鼻子部位，使对方顾此失彼。在肉搏中，刀手由于其占据优势，往往将注意力全放在自己的刀上，对于自己身处的距离不那么在意，这种疏忽就算那些经常使用器械实战的人也经常出现。而且，他绝对不愿意放弃自己持刀的优势。因此，保安员在抓住对方刀具时，要用全部力气将其夺下。同时应该采取主动进攻战术，将对方控制。

2. 遭到对方持刀袭击的防卫

处置流程：遇持刀者→保持头脑清醒→接近→语言控制→持保安棍、盾牌→护卫医护人员转移→防卫反击→电话通知保卫科（或110）→保护患者→协助调查→提供信息→恢复医疗工作。

（1）遇到持刀者袭击医护人员时，保安员应保持头脑清醒，正确分析和处理发生的各种情况。保安员应快速移动接近持刀者，语言控制，持保安棍、盾牌防卫反击，但是不要过分刺激对方以免引发更强的战斗本能。

（2）设法报告医院其他保安员或夜间通知总值班，寻求在场其他人员的帮助，必要时拨打110报警。

（3）安抚手术患者，尽力保护患者及自身生命安全。

（4）持刀者逃走后，注意嫌疑人的外貌特征、逃跑路线，为相关部门提供线索。

（5）主动协助警务人员的调查工作。

（6）尽快恢复手术室正常医疗护理工作，保证患者的医疗安全。

3. 手术室持刀袭击的应急处置原则

手术室持刀袭击医护人员应急处置：坚持“护卫为主、武力为辅、慎用装备、不战为上”的处置原则；根据对方袭击的部位，调整控制力度等级；坚持“应急反应、移动脚步、紧急出棍、护卫医护、接近对象、语言控制、装备控制、格挡防守、距离站位、报警求援”的战术原则。

4. 手术室持刀袭击应急处置的技战术动作要求

医院保安员之间的技战术配合是保证手术室医护人员安全的一个重要的方面。一般情况下，医院保安员执勤多为1～2人一组，而医护人员遇袭时，医院保安员大多是未在场情况下发生的。在日常的安保工作中，要求医院保安员把握好以下工作要求：

第一，医院保安员行动前，在战术上计划好、准备好。

第二，格挡、守卫的动作操作应注意重点。

第三，要提早亮明医院保安员人员身份，请求对方给予配合。

第四，截停接近时占位一定要正确，在条件允许的环境情况下现场设置医护人员与攻击者之间的安全“缓冲带”，必须有一人专门负责医护人员的安全保护。

第五，对打人者一定要控制住其手。专门负责保护医护人员的保安员，要始终监控住对方的手。

5. 手术室持刀袭击保安棍反击技战术

（1）拉开距离，伺机擒获。“长则近、短则远”，医护人员和保安员遭遇长凶器袭击时，可采用躲闪、快速接近、黏贴的战术，控制持刀者；若对方持短兵器袭击，医护人员和保安员先迅速向左、右、后等不同方向移动、跳出袭击范围，再运用技战术控制持刀者。持械袭击医护人员者多持刀、斧、棍、棒、锤、石、砖或汽车修理工具、建筑工具、农用工具之类的凶器，以近身突袭的方式袭击。医护人员和保安员遇到此类攻击时，首要的反应是跳出凶器的打击距离。只要能够做到拉开距离，就有反击的机会。

但是，动作不要过大，以格挡撤退为首选，避免刺激对方，使武力升级。

当保安员意识到医护人员被人袭击时，不管是否受伤，都应立即采取紧急躲闪的跑动、（左右、前后）跳跃、翻滚或持械拦挡的动作，尽力躲过袭击者的持械打击并与之拉开距离。俗话说：主动进攻，就是最好的防守。保安员虽然没有很大的成功把握和很强、很熟练的徒手夺凶器技能，但要敢于向前，机智主动冲击，并躲过或夺取对方凶器。同时，保安员应快速使用喷雾器、长短保安棍劈击、抡砸控制对方，令其放下凶器，将其擒获。

（2）寻找工具、实施反击。快速寻找、搜索现场一切可以利用的工具、物品，持在手上，威慑对方的同时突然反击。工具在手上，腿脚不停地移动，大声控制，等于在保安员和对方中间设立一道安全“防火墙”，能有效阻断对方的肢体攻击。

若袭击者对医护人员和保安员疯狂追杀，砍杀不断，直接危及医护人员和保安员生命安全，则可在移动跳出其凶器打击距离的同时，挥动长短保安棍实施劈击、抡砸，或设法就地取材，寻找可作为反击工具的任何物品与袭击者奋力搏斗，或者在有能力和有技术的环境条件下设法夺过对方的凶器制服对方。

保安员在防持刀暴力袭击时，要充分利用随身携带的物品，善于就地取材，寻找工具，如鞋子、外衣、帽子、笔、钥匙、皮带、沙土、砖石等都是很管用的自卫武器。

1）室内桌椅的应用。在防守时可用椅子的边缘，将椅子抛至对方脚下，可绊住其脚，使对方的追赶受到阻碍，如果抡砸在对方的脚上，效果会更好。进攻时可用椅子腿，一般攻击对方的下半身，否则容易被对方抓住。另外，用椅子和腿法配合攻击也是一种好方法，如用椅子诱攻或架挡，用腿来踢击对方要害。

2）室外的沙土（白石灰）、砖石、树枝等物品的应用。

①沙土（白石灰）。在受到袭击遇到危险时，最方便的自卫武器要数花盆或室外花坛里的沙土（白石灰）、稀泥等天然之物了，应两手抓满，对准其脸面部，虚实配合地交替扬散，以反击对方。

②砖石。砖石比沙土更坚硬，更具有杀伤力。如能一手拿沙土，另一手拿石块，先用沙土扬向对方脸面部，再用石头砸向其头部，效果会更好。

③树枝。身边放有大小合适的树枝时，可迅速拾起。如树枝较为坚硬，可用来打击对方的头部或持凶器手的手腕；如树枝较为细软，可用来刺扎对方，但挥摆的幅度不要过大。

3）身上外衣、钥匙、公文包、皮带等物品的应用。

①外衣。用上衣对付手持匕首的持刀者来说是可行的。可将上衣打开，在对方扑上来时，用衣服遮挡住对方的头部，同时将身体闪开，用脚踢击其裆部。衣服的使用要像斗牛士一样，引诱对方，并用其挡住对方的视线，而后再控制。

②公文包。文件包可用作防御性的武器。当对方用刀具刺时，应利用手中的包抵挡。格斗时应盯住对方，边躲边防，并乘机反击，反击时多用腿法，必要时还可将包抛向对方脸面部再反击。

③皮带。皮带软中带硬，可硬防软打，具有一定的威力。使用时可用两手持带，架或格挡防守，发挥出小木棒的作用。反击时握住带尾，用皮带头抽打对方任何部位。

4）搏斗时应虚张声势，大声呼喊，引起周围人员的注意，求得周围群众与警力的支持。

5）若袭击者开始逃窜，在保安员没有受重伤的情况下应紧追不舍，不丢目标；但在对方没有失去手中凶器，保安员手中也无搏斗器具之时，不应追近至袭击者凶器可够得着的距离位置。在追击中若得到可搏斗的器具，则可追上袭击者将其制服。

6）如果袭击医护人员和保安员的犯罪人不止一个，而是团伙，且均持凶器攻击，保安员人员又太少时，可在跳出其凶器打击距离的同时，迅速报告，请求增援，此时，医护人员和保安员应合力擒获一两个对象不放。

（3）摆脱险情，战术撤退

1）如果医护人员和保安员遭到多名患者家属持械袭击，而保安员手无寸铁，人数太少时，应设法迅速摆脱被追杀的险要处境，尽快向人多、就近建筑物、有坚固的门窗房屋之处快速转移撤退。

2）设法求得周围群众支持。

3）设法报告110指挥中心，或与就近警力取得联系。

4）在没有反击条件的情况下，可采用“以退为进”的方法，利用夜间黑暗或建筑物实施藏匿隐蔽，只要记住袭击者中的一两个人的身形、体貌特征。医护人员和保安员及群众没有受到重大的人身伤害时，可暂退一步，待事后再行抓捕持械犯者。这是上策，有时也是十分必要的。

（4）遭遇持械袭击时要掌握的要点

1）距离较近时，应立即躲闪或用双手格挡其持械手臂，避开最凶猛的第一攻击，同时向侧方向跑开。

2）擒拿技术过硬，可直接抓住其持械手臂，用擒拿动作将其制伏。搏斗的同时应大声呼喊，给持刀者制造心理压力，使其不敢恋战，同时还能引起周围群众的注意，求得群众的支援。

6. 守护防卫战法

（1）方法一：保持警惕。

1）提升警觉等级。医院保安员要时刻警觉，注意观察识别潜在的持刀攻击者，特别是曾经流露出对医治不满的患者或者家属，要提升戒备等级，严加防范。

医院是任何人都可以进入的场所，无论何人、何时、何地，都有可能遭受暴力的袭击，其潜在危险概率远远高于其他职业。因此，医院保安员要做到内紧外松、随时保持警惕、防止发生袭击的事件。

2）研判反常行为。许多持械袭击事发前会有一定的反常预兆，如患者家属靠近医生或护士、灯突然熄灭、门外突然发生喧闹、身后有急速跑步声等。

3）有些暴力袭击为达到突然性以便得逞，会选择一些特定时机，如在医护人员开门时、在办公室时、宣告患者死亡时、查病房时、下车时、路口拐弯时、接听电话时等。因此，只要留意平时的反常情况或特定细节，养成良好的安全防范意识和方法，就能及时发现、识别、应对袭击、减少伤害。

（2）方法二：合力控制。医院保安员人数占优势时，一定要发挥团队集体的优势、合力制服。合力控制过程中要注意三点。

一是意识和行动要体现“同进、同退、同控”的合力效果，切忌步调不一，特别是临场退缩（逃）。因为一旦有一个医院保安员退缩（逃），就会给其他人员造成极大的心理影响，导致人心涣散、各自为战。

二是行动时要注意分工配合，多点进攻，不要争挤一处。例如，一个保安员与持棍人正面对峙，其他保安员就设法迂回到其侧（背）面；一个保安员控制其上体部位，其他保安员就同时控制其下肢；一个保安员设法压服持棍者，其他保安员就设法抢夺棍棒；一个保安员控制其左手，其他保安员就控制其右手。

三是要出动快，及时支援。一旦接收到保安员求援的信息，要迅速行动，不要犹豫。因为医院保安员越是优势，制服对方的概率就越大。否则就会被对方各个击破，造成更大的危害。

（3）方法三：报警求援、救护。

1）及时示警求援。在利用通信工具或大声呼喊示警求援的同时，可采用砸门窗、敲桌子、跺地板等引起他人注意的各种方法，争取在最短时间内引起他人警惕并得到援助。

在持刀者尚未动手或伤害行为不大时，示警求援一定要评估两个问题：

一是发出示警求援信息后，增援能否迅速到达。

二是是否会进一步激怒持刀者，迫使其暴力升级。如果直接示警不能马上等到增援，且持刀者暴力升级后局面更难掌控的，一般应创造条件暗中示警，如提高说话的声音、悄悄拨打手机、夸大形体动作、故意弄倒（碎）物品、暗中敲击墙地、用力拖拉椅凳等。

2）当保安员或同伴遭受持刀暴力袭击造成损伤后，在及时通知医护人员的同时，要及时运用所学专业知识，开展自救或互救控制伤势，为进一步诊治赢得时间、为生存赢得机会。

现场救护要注意以下几点：

一是不要让伤者剧烈运动，防止心跳过快增加出血。

二是让伤者保持正确的体位（一般为平躺，脚部垫高），保持重要器官正常供血。

三是及时用干净衣物按压伤口止血。

四是不要轻易将刺入伤者体内的异物拔出，以免大量出血。

五是有条件的要及时包扎伤口。

六是伤者停止呼吸时要及时进行人工呼吸。

7. 手术室持刀袭击应急处置实训演练

实训科目：医院手术室持刀袭击应急处置

（1）实训目标。在组织技战术训练中，必须对每一名医院保安员进行工作原则和战术原则意识的灌输和强化。

1）通过医院手术室持刀袭击应急武力处置课程的学习，训练确保医院保安员具有保护医护人员的技战术能力，能够在平时预防持刀袭击案（事）件的发生以及能够在突发袭击事件第一时间起到及时制止、保护和反击的作用，基本掌握医院保安员防卫实战技战术和战法。

2）进一步提高保安棍、盾牌攻防对抗实战的能力；提高医院保安员徒手和保安棍、盾牌的实战能力；掌握徒手防卫实战应用技能。

3）基本掌握医院保安员执勤遇到持刀袭击的紧急情况下正确的应对措施与方法，医院保安员的防卫保护医护的实战能力。

4）通过场景实战演练，提升医院保安员对保护防卫基本理念的理解、掌握和运用，同时对医院保安员的训练水平、学习效果作一检验核定。

5）提高法律、程序、安全与战术意识，培养良好的应急反应能力、护卫能力和控制能力。

（2）实训保障

1）2 名保安员、1 名持刀者。

2）装具：保安长棍、盾牌、手电筒、控制暴恐钢叉、灭火器、警戒带、木棍、脸盆等。

（3）背景资料

【案例 1】某市医科大学附属一院一位耳鼻喉科医生被一名不满其手术效果的患者持刀追砍。医生被砍 13 处，最长的伤口达 9 厘米，并导致枕动脉、鼻骨、右手食指和无名指、左手拇指神经血管和肌腱均被砍断，左眼视网膜脱落，眼球塌陷。虽经救治脱离生命危险。但其左眼极可能失明，双手将残。

【案例 2】14 时 45 分，在市儿童医院发生了一起凶杀案。一名患者的父亲持刀冲进内科对正在配药房工作的护士熊某疯狂砍杀，熊护士被砍成血人。护士长彭玲云听到呼救声，冲进配药房救熊福英时，被持刀者一刀砍中颈动脉，因大出血当场死亡。熊某被砍 40 余刀。经警方调查，其杀人的动机竟然是其患有脑膜炎的儿子在该医院手术治愈后留有脑膜炎后遗症，于是报复医护人员。

【案例 3】王某曾因患喉癌在三甲医院就诊，并由该院医生徐某对其实施外科手术，后因其病患复发，即认为是徐某对其治疗存在过错所致，遂起意报复。

2011 年 9 月 15 日，王某来到三甲医院，持事先准备好的菜刀连续砍击耳鼻喉科部主任徐某头部等部位，在徐某倒地后，仍持菜刀继续砍击。徐某挣脱后，王某仍持刀追砍，再次将徐某砍倒在地。

（4）处置技能考核：如果你当班执勤，现场将如何处置？

要求保安员回答操作程序：医院保安员要立即作出反应，快速移步接近持刀者。

在口头命令控制的同时，手持保安棍、盾牌，冲入现场用盾牌格挡、防守，保护医护人员免遭袭击，或运用擒拿格斗技术当场控制对象，力争一招制敌。同时，保安员分工：报告110；报告120急救；现场群众求助；现场急救等。

（5）演练程序：医院特勤保安员应急处置持刀者一般采用“语言控制与保安棍、盾牌防守”相结合的战法，在口头警告的同时果断使用保安棍和盾牌反击、格挡，即边防守反击、边格挡、边警告、边制止。

1）当感觉到手术后患者或其家属有异常时，特勤保安员应主动跟进，作出戒备反应，评估危险等级，时刻注意危险点，找到危险源，准备好防护工具，快速移动脚步赶赴病房。

2）用语言控制。大声命令袭击者：“住手，我是医院保安员！杀人偿命，要冷静些，有什么事，我们可以协商。”

3）保安员应手持保安棍、盾牌垫步上前格挡，近距离阻断拦截打人者，将医护人员与对象有效分开，并设立3米左右的安全“缓冲带”，不准双方肢体接近。

4）一名特勤保安员持盾牌、短保安棍在前面防守、格挡、垫步前戳；另一名医院保安员则持盾牌守护医护、护士快速转移，远离危险点。

5）同时请求身边的人协助报告或自己打电话报告上级请求增援。

6）在制止打人者的同时，派出两名保安员对其实施管控。

7）让被检查人两腿叉开站立，双手交叉抱头。

8）遇到嫌疑人分散逃跑时，只追1人，不要分开追捕，以免遇袭。同时应立刻请求支援。

1.5.4 医院外聚众持械冲击应急处置

1. 医院外聚众持械冲击应急处置概述

医患关系紧张，医患矛盾尖锐，已非一日之寒。面对患者家属以及职业医闹聚众围攻医疗机构，殴打医护人员，要以法治求和谐，以耐心劝离为主、武力使用为辅。对于医疗纠纷、医患矛盾理应有正常的渠道解决，而不是聚众持械冲击，实施“打砸抢”的行为。在以往的类似事件中，通常都是患者家属或是职业医闹聚众冲击医院，然后是医护人员被殴，办公设备被砸。

医院是救死扶伤的场所，医生有治病救人的责任，但并不等于包治百病、手到病除。除去因为疏忽、误诊导致的死亡之外，由于病情发展导致的死亡总是不可避免的。对于医疗事故，医疗机构理当承担责任，但不能只要死了人，医院就成了罪人。将医护人员置于患者的对立面，其结局只能是两败俱伤。《关于解决医患纠纷的实施意见》（以下简称《意见》）明确了由政府等多部门组成领导小组及办事机构，建立医患纠纷分类处理、多部门分组响应的机制。同时，明确了依法处理医患纠纷中的涉嫌违法犯罪行为，患方八种情形由公安机关依法给予处罚，构成犯罪的将依法追究刑事责任。

患方的八种行为是：

（1）聚众占据医疗机构或办公场所，寻衅滋事，严重干扰正常医疗工作秩序的。

（2）发生打、砸、抢、烧等严重违法行为的。

（3）侮辱、威胁、围攻、殴打医务人员或非法限制医务人员人身自由，严重影响医务人员正常工作的。

（4）在医疗机构内（外）挂横幅、设灵堂、烧纸钱、摆花圈、贴标语、发传单的。

（5）拒不将尸体移送太平间或殡仪馆并超过规定时限，陈尸要挟医疗机构，经劝说无效的。

（6）抢夺医疗文书及与医患纠纷相关的证据（如药品、卫生材料和医疗器械等），经劝说无效的。

（7）涉及有社会恶势力或职业“医闹”插手的严重违法犯罪行为的。

（8）其他涉嫌人身、财产侵害的违法犯罪行为；涉嫌影响公共安全的违法犯罪行为。

聚众到医院闹事往往为两种情形：一种是患方知道上法庭打官司没有胜算，便抱着“大闹大赔、小闹小赔”的侥幸心理，借聚众闹事来敲诈医院；另一种则属于确有困难的群众，遇到医疗纠纷后不知道该怎么处理，便聚众向医院讨说法。

对于有困难人员，《意见》中规定，相关部门在引导群众通过合法渠道解决医患纠纷的同时，要做好困难人员的法律援助工作。此外，还将探索医疗风险社会分担机制，通过推行医疗执业保险、医疗意外伤害保险等方法，有效化解医患矛盾。

2．医院外聚众持械冲击应急处置原则

医院外聚众持械冲击应急处置：坚持“快速接近、语言控制、护卫为主、武力为辅、分开隔离、护卫转移、慎用装备、不战为上”的处置原则。

3．医院外聚众持械冲击应急处置的技战术动作要求

医院保安员之间的技战术配合是保证医护人员安全的一个重要的方面。一般情况下，医院保安员执勤多为1～2人一组，而医护人员遇袭时医院保安员大多未在场。在日常的安保工作中，要求医院保安员把握好以下工作要求：

第一，医院保安员行动前在战术上计划好、准备好。

第二，格挡、守卫的动作操作应注意的重点。

第三，要提早亮明医院保安员身份，请求对方给予配合。

第四，截停接近时占位一定要正确，在条件允许的环境情况下现场设置医护人员与攻击者之间的安全“缓冲带”，必须有一人专门负责医护人员的安全保护。

第五，对打人者一定要控制住其手。专门负责保护医护人员的保安员，要始终监控住对方的手。

4．保安棍反击技战术

（1）拉开距离，伺机擒获。“长则近、短则远”，医护人员和保安员遭遇长凶器的袭击时，可采用躲闪、快速接近，黏贴的战术，控制持刀者；若对方持短兵器袭击，医护人员和保安员先迅速向左、右、后等不同方向移动、跳出袭击范围，再运用技战术控制持刀者。持械袭击者，多持刀、斧、棍、棒、锤、石、砖或汽车修理工具、建筑工具、农用工具之类的凶器，以近身突袭的方式袭击医护人员和保安员。医护人员和保安员遇到此类攻击之时，首要的反应是跳出凶器的打击距离。只要能够做到拉开距离，就有反击的机会。

但是，动作不要过大，以格挡撤退为首选，避免刺激对方，使武力升级。

当保安员意识到医护人员被聚众持械冲击时，不管是否受伤，都应立即采取紧急躲闪的跑动、（左右、前后）跳跃、翻滚或持械拦挡的动作，尽力躲过袭击者的持械打击并与之拉开距离。古人云：主动进攻，就是最好的防守。保安员虽然没有很大的成功把握和很强、很熟练的徒手夺凶器技能，但是敢于向前、机智主动冲击，并躲过或夺取对方凶器，总比坐以待毙强得多。同时，保安员应快速使用喷雾器、长短保安棍劈击、抡砸控制对方，令其放下凶器，将其擒获。

（2）寻找工具、实施反击。保安员应快速寻找、搜索现场一切可以利用的工具、物品，持在手上，威慑对方的同时突然反击。工具在手上，腿脚不停地移动，大声控制，等于在保安员和对方中间设立一道安全“防火墙”，能有效阻断对方的肢体攻击。

若袭击者对医护人员和保安员疯狂追杀、砍杀不断，直接危及医护人员和保安员生命安全，则可在移动跳出其凶器打击距离的同时，挥动长短保安棍实施劈击、抡砸，或设法就地取材，寻找可作为反击工具的任何物品与袭击者奋力搏斗，或者在有能力和有技术的环境条件下设法夺过对方的凶器制服对方。

在防持刀暴力袭击时，要充分利用随身携带的物品，善于就地取材，寻找工具。

如果袭击医护人员和保安员的犯罪人不止一个，而是团伙，且均持凶器攻击，保安员人员又太少，可在跳出其凶器打击距离的同时，迅速报告，请求增援，此时，医护人员和保安员应合力擒获 1 ~2 个袭击者不放。

（3）摆脱险情，战术撤退

1）如果医护人员和保安员遭到多名患者家属持械袭击，而保安员手无寸铁、人数太少，则应设法迅速摆脱被追杀的险要处境，尽快向人多之处、就近建筑物之处、有坚固的门窗房屋之处快速转移撤退。

2）设法求得周围群众支持。

3）设法报告 110 指挥中心，或与就近警力取得联系。

4）在没有反击条件的情况下，可采用“以退为进”的方法利用夜间黑暗或建筑物实施藏匿隐蔽，只要记住袭击者中的 1 ~2 个人的身形、体貌特征。医护人员和保安员及群众没有受到重大的人身伤害时，可暂退一步，待事后再行抓捕持械犯者，这是上策，有时也是十分必要的。

（4）遭遇持械袭击时要掌握的要点

1）距离较近时，应立即躲闪或用双手格挡其持械手臂，避开最凶猛的第一攻击，同时向侧方跑开。

2）保安员擒拿技术过硬时，可直接抓住袭击者持械手臂，用擒拿动作将其制伏。保安员在搏斗时应大声呼喊，给持刀者制造心理压力，使其不敢恋战，同时还能引起周围群众的注意，求得群众的支援。

5. 守护防卫战法

（1）方法一：保持警惕。医院保安员要时刻警觉，注意观察识别潜在的持刀攻击者，特别是对曾经流露出对医治不满的患者或者家属要提升戒备等级，严加防范。

医院是任何人都可以进入的场所，无论何人、何时、何地，都有可能遭受暴力袭击，其潜在危险概率远远高于其他职业。因此，医院保安员要做到内紧外松、随时保持警惕、防止发生袭击的事件。

许多持刀袭击事发前会有一定的反常预兆，如多名陌生人聚集靠近医生、护士，灯突然熄灭、门外突然发生喧闹、身后有急速跑步声等；有些暴力袭击为达到突然性以便得逞，会选择一些特定时机，如在医护人员开门时、在办公室时、宣告患者死亡时、查病房时、下车时、路口拐弯时、接听电话时突然发动袭击。因此只要留意平时的反常情况或特定细节，养成良好的安全防范意识和方法，就能及时发现、识别、应对袭击，减少伤害。

（2）方法二：合力控制。医院保安员人数占优势时，应对持刀袭击者一定要发挥团队集体的优势、合力制服。合力控制过程中要注意三点：

一是意识和行动要体现“同进、同退、同控”的合力效果，切忌步调不一，特别是临场退缩（逃）。因为一旦有一个医院保安员退缩（逃），就会给其他人员造成极大的心理影响，导致人心涣散、各自为战。

二是行动时注意分工配合，多点进攻，不要争挤一处。例如，一个保安员与持棍人正面对峙，其他保安员就设法迂回到其侧（背）面；一个保安员控制其上体部位，其他保安员就同时控制其下肢；一个保安员设法压服持棍者，其他保安员就设法抢夺棍棒；一个保安员控制其左手，其他保安员就控制其右手。

三是要出动快，及时支援。一旦接收到保安员求援的信息，要迅速行动，不要犹豫。因为医院保安员越是优势，制服对方的概率就越大。否则就会被对方各个击破，造成更大的危害。

（3）方法三：报警求援、救护。

1）及时示警求援。在利用通信工具或大声呼喊示警求援的同时，可采用砸门窗、敲桌子、跺地板等引起他人注意的各种方法，争取在最短时间内引起他人警惕并得到援助。

在持刀者尚未动手或伤害行为不大时，示警求援一定要评估两个问题：

一是发出示警求援信息后，增援能否迅速到达。

二是会否进一步激怒持刀者，迫使其暴力升级。如果直接示警不能马上等到增援，且持刀者暴力升级后局面更难掌控的，一般应创造条件暗中示警，如提高说话的声音、悄悄拨打手机、夸大形体动作、故意弄倒（碎）物品、暗中敲击墙地、用力拖拉椅凳等。

2）开展自救互救。当保安员或同伴遭受持刀暴力袭击造成损伤后，在及时通知医护人员的同时，要及时运用所学专业知识，开展自救或互救控制伤势，为进一步诊治赢得时间、为生存赢得机会。

现场救护要注意以下几点：

一是不要让伤者剧烈运动，防止心跳过快增加出血。

二是让伤者保持正确的体位（一般为平躺，脚部垫高），保持重要器官正常供血。

三是及时用干净衣物按压伤口止血。

四是不要轻易将刺入伤者体内的异物拔出，以免大量出血。

五是有条件的要及时包扎伤口。

六是伤者停止呼吸时要及时进行人工呼吸。

6. 医院外聚众持械冲击应急处置实训演练

实训科目：医院外聚众持械冲击应急处置

（1）实训目标

1）通过医院外聚集持械冲击应急武力处置课程的学习、训练确保医院保安员具有保护医护人员的技战术能力，能够在平时预防持刀袭击案（事）件的发生，以及能够在突发袭击事件第一时间起到及时制止、保护和反击的作用，基本掌握医院保安员防卫实战技战术和战法。

2）进一步提高保安棍、盾牌攻防对抗实战的能力；提高医院保安员徒手和保安棍、盾牌的实战能力；掌握徒手防卫实战应用技能。

3）基本掌握医院保安员执勤遇到持刀袭击的紧急情况下正确的应对措施与方法，医院保安员的防卫保护医护的实战能力。

4）通过场景实战演练，能提升医院保安员对保护防卫基本理念的理解、掌握和运用，同时对医院保安员的训练水平、学习效果作一检验核定。

5）提高法律、程序、安全与战术意识，培养良好的应急反应能力、护卫能力和控制能力。

（2）实训保障

1）4 名保安员、2 名持棍刀者。

2）装具：保安长棍、盾牌、手电筒、控制暴恐钢叉、灭火器、警戒带、木棍、脸盆等。

（3）背景资料

【案例 1】因患者在市第一医院进行手术时，不幸死在了手术台上。第二天患者家属纠集 30 多人乘坐 4 辆面包车来到医院，寻找院领导要求解决问题。其中，部分人员手持鱼叉和铁棍准备冲入医院内部，还有一部分人手持玻璃瓶在医院大门外准备。此时，一名患者家属从医院冲出，并大喊有人。随即，近百名家属一齐从医院机动车入口处冲入医院。

【案例 2】某日下午 1 时许，一起特大交通事故中，包括李某和甘某在内的数名重伤员被送往某市中医院抢救。李、甘的伤情严重，经抢救无效死亡。死者家属认为医院抢救不积极，在李某死亡 20 分钟后，甘某的妹妹便带领 20 多人冲上楼层开始打骂医生，踢门砸窗。事发后，数十名民警赶到了现场，也没能有效制止。闹剧持续到次日上午。

【案例 3】某日上午 11 时多，刘某在拆防盗网时不慎从五楼摔下，送到市三甲医院抢救，最终身亡。家属认为医院抢救不及时导致病人死亡。家属当时就大闹医院，并殴打了一名柳姓医生，医院医务科张副科长赶去处理时也被打伤。医院报警，警察赶到现场后才控制住局面。当日下午，医院和家属以及死者代表谈判，最终双方未谈拢，约定12月28日下午2时30分再次谈判协商。该日双方的谈判开始后，死者家属因为赔偿要求得不到满足，打电话招来一百多名不明身份的人。晚上7时许，三名女家属开始带头闹事，冲进一楼办公室，殴打医院谈判代表，砸玻璃，导致两名代表被打伤。警察在阻止不明分子冲击时遭到围攻。

（4）处置技能考核：如果你当班执勤，现场将如何处置？

要求保安员回答操作程序：医院保安员人员要立即作出反应，快速移步接近持刀者。保安员在口头命令控制的同时，手持保安棍、盾牌，冲入现场用盾牌格挡、防守，保护医护人员免遭袭击，或运用擒拿格斗技术当场控制对象，力争一招制敌。同时，保安员分工：报告110；报告120急救；现场群众求助；现场急救等。

（5）演练程序

1）立即移动脚步，手持保安棍和盾牌上前制止。

2）语言控制。口头警告、命令并劝阻对方住手、住口，告知打人要负法律责任和经济责任。

3）保安员应手持保安棍、盾牌垫步上前格挡，近距离阻断拦截打人者。

（6）技术要求

1）单手持短保安棍：朝天格挡；朝左格挡，握把朝下；朝右格挡，握把在下。

2）双手持短保安棍：双手朝天格挡；朝左格挡，握把朝下；朝右格挡，握把朝下。

3）将医护人员与对方有效分开，并设立3米左右的安全“缓冲带”，不准双方肢体接近。

4）挺身而出，用保安棍、盾牌护卫医护人员远离危险源；一人掩护、一人护卫。护卫移至安全场所，关紧房门。

5）迅速报告保安经理，拨打电话110报警。

6）应先制止持械袭击者。

7）不停地劝阻其他参与人员离开现场，否则追究刑事责任、民事责任和经济责任。

8）面对多名持械袭击者，保安员应呈三角站位，后背相靠，手持保安棍、盾牌，指向对象，做出戒备姿势。

9）现场急救、自救。

10）请求增援。

11）在制止聚众持械冲击时，尽量不能动粗，不允许恶言相向，避免刺激对方。

12）注意收集证据。

1.5.5 医院设置“灵堂”应急处置

1. 医院设置“灵堂”应急处置概述

医院受到医闹威胁和骚扰情况有许多。职业医闹实行公司化运作，利用闲散无业人员，划区分片，根据医院规模的不同，派不同数目的人在医院徘徊，他们的主要目的是找到“死者”，而最容易被他们盯上的就是正在医院扯皮的死者家属，这时他们就会凑上去，佯装家属和医院对抗，然后有专人把家属拉到一边“谈判”，内容就是承诺用一些手段让医院赔钱，赔到的钱必须给他们提成。职业医闹采取的手段很多，“一哭、二闹、三上吊”。医闹可在十几分钟的时间内召来十几个人，并准备好花圈、横幅、灵堂等多种道具。此外，他们除了“闹”之外，还对医院的医护人员进行人身威胁，他们熟知其家庭情况和每天出入的地方，在医护人员上班的路上进行威胁。

2012 年 4 月 30 日，卫生部、公安部联合发出《关于维护医疗机构秩序的通告》(以下简称《通告》)，明确警方将依据《治安管理处罚法》，医闹、号贩将受治安处罚甚至被追究刑事责任。在医院烧纸钱、摆灵堂、摆花圈、违规停尸、聚众滋事等医闹行为将受到治安处罚，甚至被追究刑事责任。

所以，医院安保部门必须会同有关部门做好维护医疗机构治安秩序工作，依法严厉打击侵害医务人员、患者人身安全和扰乱医疗机构秩序的违法犯罪活动。

（1）患者及家属在医疗机构就诊，其合法权益受法律保护。同时，患者及家属也应当遵守医疗机构的有关规章制度。患者在医疗机构死亡后，必须按规定将遗体立即移放太平间，并及时处理。未经医疗机构允许，严禁将遗体停放在太平间以外的医疗机构其他场所。禁止任何单位和个人以任何理由、手段扰乱医疗机构的正常诊疗秩序，侵害患者合法权益，危害医务人员人身安全，损坏医疗机构财产。

（2）患者及家属在医疗机构焚烧纸钱、摆设灵堂、摆放花圈受法律追究。《通告》提出，在医疗机构焚烧纸钱、摆设灵堂、摆放花圈、违规停尸、聚众滋事的，在医疗机构内寻衅滋事的，非法携带易燃、易爆危险物品和管制器具进入医疗机构的，侮辱、威胁、恐吓、故意伤害医务人员或者非法限制医务人员人身自由的，在医疗机构内故意损毁或者盗窃、抢夺公私财物的，倒卖医疗机构挂号凭证的，以及其他扰乱医疗机构正常秩序的行为，由公安机关依据《中华人民共和国治安管理处罚法》予以处罚；

构成犯罪的，依法追究刑事责任。

（3）患者及家属应依法按程序解决医疗纠纷。针对医疗机构及其医务人员，要求严格执行医疗管理相关法律、法规和诊疗技术规范，切实加强内部管理，提高医疗服务质量，保障医疗安全，优化服务流程，增进医患沟通，积极预防化解医患矛盾。要求医疗机构应当按照《医院投诉管理办法（试行）》的规定，采取设立统一投诉窗口、公布投诉电话等形式接受患者投诉，并在显著位置公布医疗纠纷的解决途径、程序以及医疗纠纷人民调解组织等相关机构的职责、地址和联系方式。

（4）医院设立安检设备，严禁携带具有攻击伤害性能的工具入内。为了防范恶性事件的发生，各医院在入口处设立安检设备，棍棒、易燃、易爆等危险品均不得入内。

（5）七类扰乱医疗机构正常秩序行为将受罚

1）在医疗机构焚烧纸钱、摆设灵堂、摆放花圈、违规停尸、聚众滋事。

2）在医疗机构内寻衅滋事。

3）非法携带易燃、易爆危险物品和管制器具进入医疗机构。

4）侮辱、威胁、恐吓、故意伤害医务人员或者非法限制医务人员人身自由。

5）在医疗机构内故意损毁或者盗窃、抢夺公私财物。

6）倒卖医疗机构挂号凭证。

7）其他扰乱医疗机构正常秩序的行为。

以《通告》的形式将这些内容提出来，说明现阶段严打这些行为的重要性，强化管理。此次公布出来的目的，主要还是为预防再发生此类事件，起到宣传、教育的作用，警示有这种想法的人后果的严重性。在医疗机构违规停尸、聚众滋事、职业医闹、倒号这种行为，主要还是靠治安处罚。真正能构成犯罪而追究刑事责任的，主要就是人身伤害这一部分，达到刑法规定的程度，造成轻伤以上的，就会按照刑法追究刑事责任。如果聚众扰乱公共秩序达到犯罪，为首的人也是可以追究刑事责任的。

2. 医院设置“灵堂”应急处置原则

医院设置“灵堂”应急处置：坚持“应急反应、移动脚步、依法施策、劝阻引导、语言控制、慎用装备”的处置原则。

3. 医院设置“灵堂”应急处置的技战术动作要求

（1）摆脱险情，战术撤退

1）如果医护人员和保安员遭到多名患者家属人身攻击，而保安员手无寸铁、人数太少，则应设法迅速摆脱被追杀的险要处境，尽快向人多之处、就近建筑物之处、有坚固的门窗房屋之处快速转移撤退。

2）设法求得周围群众支持。

3）设法报告110指挥中心，或与就近警力取得联系。

4）在没有反击条件的情况下，可采用“以退为进”的方法利用夜间黑暗或建筑物实施藏匿隐蔽，只要记住袭击者中的1~2人的身形、体貌特征，医护人员和保安员及群众又没有受到重大的人身伤害，可暂退一步，待事后再行抓捕持械者。这是上策，有时也是十分必要的。

（2）保持警惕、注意防卫

1）随时保持警惕。医院是任何人都可以进入的场所，无论何人、何时、何地，都有可能遭受暴力的袭击。尽管只是设置“灵堂”，看似简单的仪式，其中却包含着潜在危险性。如房间内弥漫着浓密混合气体，在外力的作用下，随时都有爆炸的可能。因此，医院保安员要做到内紧外松、随时保持警惕、防止发生袭击的事件。

2）对持械攻击者可直接抓住其持械手臂，用擒拿动作将其制伏。搏斗时应大声呼喊，给持刀者制造心理压力，使其不敢恋战，同时还能引起周围群众的注意，求得群众的支援。

3）在攻击者距离较近时，应立即躲闪或用双手格挡其持械手臂，避开最凶猛的第一攻击，同时向侧方撤退。

4. 医院设置“灵堂”应急处置实训演练

实训科目：医院设置“灵堂”应急处置

（1）实训目标

1）通过医院设置“灵堂”应急处置课程的学习，训练确保医院保安员具有保护医护人员的技战术能力，能够在平时预防持械袭击案（事）件的发生，能够在突发袭击事件第一时间起到及时制止、保护和反击的作用，基本掌握医院保安员防卫实战技战术和战法。

2）进一步提高保安棍、盾牌攻防对抗实战的能力；提高医院保安员徒手和保安棍、盾牌的实战能力；掌握徒手防卫实战应用技能。

3）基本掌握医院保安员执勤遇到持械袭击的紧急情况下正确地应对措施与方法，医院保安员的防卫保护医护人员的实战能力。

4）通过场景实战演练，能提升医院保安员对保护防卫基本理念的理解、掌握和运用，同时对医院保安员的训练水平、学习效果作一检验核定。

5）提高法律、程序、安全与战术意识，培养良好的应急反应能力、护卫能力和控制能力。

（2）实训保障

1）4名保安员、2名嫌疑对象。

2）装具：保安长棍、盾牌、手电筒、控制暴恐钢叉、灭火器、警戒带、木棍、脸盆等。

（3）背景资料

【案例1】某日20时，刘某（女，39岁）因病从区某医院转市第一人民医院抢救，于次日9时因抢救无效死亡，死者家属对死因有异议。

第二天8时许，王某、李某等多人代表死者刘某一方，以与该院方协商赔偿未果为由，在该院门诊一楼大堂内摆设灵堂，拉标语横幅、撒纸钱、燃烧香烛，拜祭死者。期间，王某等人不听从院方工作人员和现场民警的劝阻和警告，严重影响医院的正常秩序。王某等人封锁了医院的交通，使救护车无法通过；拉横幅，并殴打医务人员。

【案例2】魏某身体不适到医院就医，医生诊断其为急性咽喉炎。魏某从医院看完病回家。第二天，魏某服过药后躺下睡觉，晚饭时分魏某被发现死亡。家属要求医院赔偿，院方提出要解剖尸体明确责任，再商议赔偿问题，遭到吕某等人的拒绝，在双方协商未果的情况下，家属纠集50余人来到医院，将魏某的棺材放到该医院的大厅，在医院大厅内设置灵堂，将花圈和横幅放置在医院大厅及门口，致使医院大厅门口堵塞。

上午7时30分左右，医院工作人员陆续来上班，见状上前移开挡在大厅门口的花圈，因此与吕某等人发生冲突，致使医院工作人员十二人受伤。

公安局到达现场后要求吕某等人搬离，8时45分左右，家属仍拒绝搬离尸体，民警强行将尸体搬离，过程中遭到家属的反抗，民警张某受伤。

【案例3】因肺炎住进医院呼吸科，后在医院摔跤跌至高位截瘫，转入该院骨科后病人死亡。某日下午6时，医院住院部门口处围着两三百人讨说法。医院门前广场到处都散落着纸钱，柱子上也贴满死者家属所写的纸条。在医院正门台阶上，死者家属还设置“灵堂”：3个西瓜上插着三炷香，上面的纸片上写着“李某之墓、英年早逝”等字样，两边的排椅上则坐着死者的二三十名亲友。走进医院大堂，每隔三四米就有一堆正在熊熊燃烧的纸钱，死者亲友不停地往火堆中添加纸钱，现场浓烟逼人。刚开始烧纸钱时，院方和死者亲友发生冲突，一名骨科医生和四五名医院保安员受伤，其中骨科医生头颅破裂。院方称，死者亲友在住院部二楼、三楼的病房里也燃烧纸钱，扰乱医院正常秩序，医院不得不转移氧气瓶等易燃、易爆危险品。

（4）处置技能考核：如果你当班执勤，现场将如何处置？

要求保安员回答操作程序：

1）先期应急处置

①当感觉到聚集闹事威胁等级上升时，特勤保安员应主动跟进，作出戒备反应，评估危险等级，时刻注意危险点，找到危险源，准备好防护工具，快速移动脚步赶赴现场。

②依法施策，以法律法规为武器，先声夺人。在耐心解释无效的情况下，用语言控制：大声命令设灵堂、烧纸钱者停止违法、违规行为，有什么事，可以协商，否则要受到法律的追究，受到经济的索赔。

③此时，保安员应手持保安棍、盾牌将医护人员与对方有效分开，并设立3米左右的安全“缓冲带”，不准双方肢体接近，并护卫医护人员到安全地点。

④同时请求身边的人协助报告或自己打电话报告上级请求增援。

2）中期应急处置

①接报后快速赶到现场。保安员要边报告（报告内容），边奔赴现场，要求特勤保安员着装规范、整齐，佩戴橡皮保安棍于腰带右后侧。

②发现燃烧纸钱，扰乱医院正常秩序时，要立即制止，防止发生火灾。

③发现暴力侵害时，要立即报告，并通知附近岗位保安员赶赴现场，协同处置。

④发现院方和死者亲友发生肢体冲突时，要挺身而出，大声喝止，先声夺人，并护卫医护人员转移安全场所。

⑤对故意殴打、伤害行为，保安员须以身体阻挡行为人、保护医护人员，并且提醒行为人冷静理智，控制行为人行动，配合公安机关处理。

⑥控制持棍、持刀人手腕、抢夺其棍棒、刀具。利用橡皮保安棍或者凳子等物品击打对方和防身。

⑦发动群众，耐心劝离家属，努力控制对象。

⑧对百人以上的闹事者，保安员采用横队形拦截聚众闹事者。

3）应急处置队形。拦截队形主要包括手挽手队形、臂挽臂队形、拉腰带队形。

4）善后处置

①保护和抢救伤员。

②保护现场。

③说服亡者家属将遗体移送至太平间。

④将控制对象交公安民警处置。

⑤报告处置过程和结果。

本章测试题

一、判断题（将判断结果填入括号中。正确的填“√”，错误的填“×”）

1. 中国医院有等级划分制度，根据医院的规模大小、人员配备、硬件设施和科研能力，分为“一、二、三、四”4个等级。（　）

2. 医院有不同于其他行业的特点，公立医院的特点包含：人性化服务、开放式管理。（　）

3. 我国医院安保工作特点包含：要害部位多、病人财物多、防盗防火目标明。（　）

4. 熟悉全院各重要部位、重要设施设备的维保情况属于医院门卫岗位的基本要求。（　）

5. 医院大门岗位的保安员，发现快递员进入医院大门时，应要求其出示身份证件。（　）

6. 医院门卫保安员发现大门口有3位病人，在门诊办公室投诉未果的情况下，商议去找院长，保安员应通知其他保安员开展控制工作，阻止其前往院长室。（　）

7. 医院门诊大厅岗位的保安员，遇到患者或家属求医问路、要求咨询时，应帮助患者找到并将其送达要到的地方。（　）

8. 一辆社会车辆停放在医院内禁止停放的位置，已影响其他车辆通行，保安员可叫拖车将乱停放的车辆拖走。（　）

9. 车辆携物出门时应出示出门证，属于门岗安保查验的内容包括：有效日期、院保卫处签章等。（　）

10. 某医院车库已满，社会车辆驾驶员不听劝告，将车横在车库门口，影响其他车辆驶离。此时保安员可进行劝说，告知其利害关系，并请车主到车库看一看。（　）

11. 在医院内的摊贩、表演义卖、乞讨及盲流人员，是保安员需要劝离医院区域的对象。（　）

12. 保安员在巡逻过程中，绝不进入巡更点或巡逻范围以外的区域。（　）

13. 医院保安员巡逻至行政楼、财务室、锅炉房、危险品仓库等重要区域时，应做到“停、听、看、闻、摸”。（　）

14. 保安员发现有人在医院内吸烟，应大声呵斥对方将烟熄灭。（　）

15．医院门诊结束后，保安员巡逻发现有陌生嫌疑人在理应无人的区域逗留，可以这样询问："请问你有什么难事，为什么在这里逗留？"（　　）

16．某日晚8点钟，保安员发现一人躺在急诊候诊椅上睡觉，可以采取以下管理方式：不去动他，看住他，拨打110报警，让警察来处理。（　　）

17．一病人找到保安员，称在排队时发现某人形迹可疑，怀疑是小偷，保安员接到报告后，如确认有作案嫌疑的，应采取控制措施，同时请求支援。（　　）

18．保安员发现医院门诊人流量持续增加时，应采取限制人流、拉警戒线、分流人群等疏导方式，并将情况通知门诊办公室和门诊收费处。（　　）

19．在医院挂号收费处，患者或患者家属在缴费过程中暴露随身钱包放置部位、随身物品等，容易被盗窃。（　　）

20．如在排队挂号的队伍中，发现某人不停往前挤、靠，保安员应加强注意，此人具有盗窃嫌疑特征。（　　）

21．保安员有防盗宣传的职责，可用"管好您的钱包，注意身后有人盗窃"的提示语音，提醒病人注意防范。（　　）

22．医院门诊4楼报警，称一病人与医生争吵激烈，保安员立即到现场处置，如矛盾有升级且不可控的趋势，应拨打110报警。（　　）

23．保安员接受处理医患纠纷指令或者发现医患纠纷，应当积极参与处理，穿保安制服以公开的方式管理。（　　）

24．医患纠纷产生的原因很多，患者缺乏医学知识、就医期望值过高是构成医患纠纷的直接原因之一。（　　）

25．医患纠纷发展是一个过程，在不同阶段有不同的处置要求，如有暴力伤医倾向，保安员必须持钢叉等防暴装备赶赴现场。（　　）

26．伤害医护人员的违法行为，在地点、时间、手段等方面有自己的特点，伤害行为发生在门诊、护士站、重症监护室、急诊室居多。（　　）

27．杀人是严重的暴力犯罪，杀害医护人员的犯罪有其特点，有时事先没有争吵闹事，突然爆发，无伤害征兆。（　　）

28．重症监护室、急诊室属于医院暴力伤害医护人员的案件多发地。（　　）

29．保安员保护医护人员人身安全，重在防范，应加强对医护人员安全的保护性观察，防突发袭击。（　　）

30．保安员发现某人边走边骂医生，怒气冲冲向门诊部走去，应当加强观察、跟踪并报告。（　　）

31. 保安员发现一名患者与咨询台护士在争论，说话嗓门较大，如果暂时还不算太激烈，可先离开，待打起来再上去处置。（　　）

32. 保安员在巡逻中，听到患者与医护人员的争吵声，认为医患争吵时有发生，自然会平息，有时管了反而生事。（　　）

33. 因医疗赔偿费用协商达不到一致，8 名病人家属在医院接待办公室殴打医护工作人员，砸办公室，保安员赶到现场，可带领医护人员一起实施正当防卫还击。（　　）

34. 病人家属认为医护人员耽误抢救时间，导致患者死亡，十几人异常愤怒地推打医护人员及逼跪医生。5 名保安员闻警赶到住院部办公室，保安员进入现场的站位要求是：5 名保安员入室，站在围绕家属的控制线上。（　　）

35. 病患家属对某医生开刀手术效果极不满意，数次将医生围住谩骂并推搡。首位保安员到达现场时，首先采取的措施是：立刻通过电台呼叫其他保安员。（　　）

36. 王某，男，因胃出血来院治疗，后因低血糖在病区摔倒导致颅内出血，院方第一时间将病人转至 ICU 病房，但经抢救无效，于次日失去生命体征。家属情绪激动并拒绝将尸体移至太平间，要求院长出面解释，纠纷激化影响医疗秩序。保安员们到达现场后应站在门口观察，家属不打人时保安员不干涉纠纷。（　　）

37. 家属因各种原因长时间拒绝将尸体从病房移至太平间，其构成违反治安管理的行为是“拒绝将尸体移至太平间并谩骂医生”。（　　）

38. 患者许某因手术中突发心力衰竭，经全力抢救无效后死亡。家属情绪失控，召集 20 多人（其中混有职业医闹人员）在医院大门口堵门、拉横幅、摆灵堂、烧纸钱。保安员到场后，可将闹事人员、正常就医人员、围观人员隔离开，维护好现场秩序。（　　）

39. 保安员听到对讲机呼叫：ICU 病房有病人去世，家属正在大吵大闹，阻挠医护人员对逝者进行处理。保安员到达现场后，应告知家属吵闹是错误行为，并协助强行拖走尸体。（　　）

40. 在医疗机构中，摆设灵堂、摆放花圈、焚烧纸钱等构成违反治安管理的行为，应当由公安机关依法予以处罚。（　　）

41. 家属认为由于医疗过失造成病人死亡，故在医院门诊大楼前架设灵堂向医院讨要说法，保安员接报到达现场后，无须劝导，立即动手拆除灵堂。（　　）

42. 在医院闹事、打人、损毁公私财物的行为，根据主观故意、客观行为以及侵害客体的不同内容，可能涉及的违反治安管理行为的案由有多种，但是，绝对不会涉

及的违法案由是扰乱公共场所秩序。 （ ）

43. 保安员夜间巡视时，发现社会人员在医院候诊椅子上留宿，保安员应强行驱逐留宿人员。 （ ）

44. 保安员在门岗值勤时，遇到一病人投诉本院保洁员，称保洁员打扫卫生时，拖把从病人脚上拖过且态度恶劣，保安员应问清情况做好调解工作，或告知投诉接待室位置。 （ ）

45. 一病人怒气冲冲、情绪激动地向保安员询问院长办公室地址，保安员告知对方，不能随便暴露院长办公室位置，并反问对方找院长做什么。 （ ）

46. 保安员发现发放小广告的嫌疑人，当对方发出小广告的时候，保安员上前扭获并进行处罚。 （ ）

47. 保安员在维持晨间挂号排队秩序时，有一人插队，保安员看到没有群众出面阻止，就采取视而不见的态度。 （ ）

48. 患者家属向保安员老张反映，大约半小时前，在1楼1号窗口挂号时，包里的手机不见了，保安员可先了解事情过程，确认其是否被盗，然后再行处理。 （ ）

49. 某病人站在6楼病房走道尽头的窗口欲跳楼，现场保安员应拉警戒线，控制围观人群，并及时报告。 （ ）

50. 保安员在履行安全管理时，遇到某人无理谩骂，保安员面对谩骂可与对方争辩，如引起围观，一方面疏散人群，另一方面应继续辩明是非。 （ ）

51. 有记者在病区采访某病人，保安员没有接到上级关于记者采访的通知，保安员可上前询问采访是否履行相关手续，并阻止采访。 （ ）

52. 群众向某保安员报警，约10分钟前，自己停在3号楼停车场的电动车不见了，保安员在问清被盗车辆情况下，可帮助寻找。 （ ）

53. 保安员巡逻发现一陌生人手中拎着一个装有物品的布袋，鬼鬼祟祟，涉嫌盗窃，保安应报警并实施跟踪观察。 （ ）

54. 医院内发生机动车碰撞事故，若损失轻微可劝说双方自行解决，并维持秩序，保障其他车辆正常通行。 （ ）

55. 保安员听到一些人的突发惊叫声，他循声跑去，看见在5号大楼下一名自杀男子躺在血泊中，尚有一丝气息，此时保安员第一时间应该拨打120医疗急救电话。

（ ）

56. 保安员小李接到老吴对讲机呼叫，医院某处有人坠楼自杀，于是到达现场后，立即用手机现场拍照，固定证据。 （ ）

57. 接保卫科电话，医院住院部外科有一住院病人是“法轮功”教徒，保安员到场后可检查其随身携带物品，是否有“法轮功”宣教物品。（ ）

58. 保安员发现医院中央绿地有多人赤手空拳互相扭打在一起，保安员应采取的最妥当措施是：迅速呼叫同伴，隔离矛盾双方，控制事态发展。（ ）

59. 有人呼叫：医院某处发生数十人械斗事件，此时保安员可手持保安棍大声喝止、劝告，控制事态发展。（ ）

60. 医院输液间一名醉酒人员无端寻衅滋事，保安员应耐心劝导醉酒人员赶快回家。（ ）

二、单项选择题（选择一个正确的答案，将相应字母填入题内的括号中）

1. 根据医院的规模大小、人员配备、硬件设施和科研能力，中国医院划分为（ ）。

A. A、B、C、D 4 个等级　　B. 甲、乙、丙 3 个等级

C. 一、二、三、四 4 个等级　　D. 一、二、三 3 个等级

2. 中国医院有等级划分制度，依据是医院的（ ）。

A. 规模大小、病人数量和硬件设施

B. 规模大小、硬件设施和科研能力

C. 病人数量、硬件设施和科研能力

D. 规模大小、硬件设施和地区影响力

3. 医院有不同于其他行业的特点，（ ）不属于公立医院的特点。

A. 市场化经营、营利性目的　　B. 人性化服务、开放式管理

C. 求医者众多、医护人员繁忙　　D. 科室部门多、工作流程细致

4. 公立医院的特点有（ ）。

A. 市场化经营、开放式管理、营利性目的

B. 人性化服务、开放式管理、营利性目的

C. 人性化服务、求医者众多、医护人员繁忙

D. 科室部门多、工作流程细致、市场化经营

5.（ ）不属于我国医院保安员的工作特点。

A. 人流量大、开放式管理、安全管控比较困难

B. 要害部位多、病人财物多、防盗防火目标明

C. 寻医问路、患者困难多、热情服务闲不住

D. 车辆拥堵、交通指挥忙、安全畅通要求低

6．医院保安员的工作特点是（　　）。

A．人流量大、开放式管理、安全管控比较困难

B．要害部位多、病人财物多、防盗目标不明确

C．寻医问路、患者困难多、安全畅通要求低

D．车辆拥堵、交通指挥忙、安全畅通要求低

7．医院门卫岗位的基本要求是（　　）。

A．按时巡逻，妥善处置各类突发治安、消防事件

B．熟悉全院各重要部位、重要设施设备的维保情况

C．着装整齐、站姿端正、精神饱满、站位恰当

D．协助医院所在地派出所，做好地区案（事）件统计工作

8．医院门卫岗位的基本要求不包括（　　）。

A．着装整齐

B．站位恰当

C．站姿端正

D．协助医院所在地派出所，做好地区案（事）件统计工作

9．发现发广告人员进入医院大门时，医院门岗的保安员不恰当的处置方法是（　　）。

A．询问其到哪里？找谁？哪个部门？什么事？

B．要求其出示身份证件

C．对方拒绝保安员询问时，立即向保卫部门报告

D．通知监控或巡逻组密切注意目标动向

10．医院门卫保安员发现有（　　）已经进入医院，应通知监控或巡逻组密切注意目标动向。

A．发广告人员　B．快递员　C．残疾人　D．表演义卖人员

11．医院巡逻保安员发现有情绪激动的病人家属扬言要找院长，保安员可以做的工作中不恰当的是（　　）。

A．报告纠纷接待处，提前介入把矛盾化解在基层

B．派便衣在旁观察，了解情况或者引导劝说

C．通知其他保安员开展控制工作，阻止其前往院长室

D．将情况反馈给门诊办公室

12．医院巡逻保安员发现有情绪激动的病人家属扬言要到院长室，保安员闻讯恰

当的做法是（　　）。

A. 告诉他们院长正在开会，不在办公室

B. 报告纠纷接待处，提前化解矛盾在基层

C. 直接阻止其前往院长室

D. 打电话向院长报告

13. 医院门诊大厅岗位的保安员，遇到患者或家属求医问路、要求咨询时，采取的常规应对态度是（　　）。

A. 告知其保安员正在工作，请到别处询问

B. 告知目标所属位置的楼层、区域，如何到达等

C. 帮助患者找到并将其送达要到的地方

D. 一个手指指着目标方向，一句话“前面”

14. 医院门诊大厅岗位的保安员，遇到患者或家属求医问路、要求咨询时，不规范的做法是（　　）。

A. 疑难问题可以告知其到导医台询问

B. 告知目标所属位置的楼层、区域，如何到达等

C. 必须帮助患者找到并将其送达要到的地方

D. 指示目标方向和具体走法

15. 对于在医院内禁停位置的社会车辆，如已影响到其他车辆通行，可以采取的恰当方式是（　　）。

A. 叫拖车将乱停放的车辆拖走

B. 打电话给熟悉的警察，查车主手机号码

C. 组织多名保安员抬车

D. 使用广播寻找车主

16. 车辆携物出门时应出示出门证，（　　）不属于门岗保安员查验内容。

A. 物品的数量、单位　　B. 事由、院内联系部门

C. 携物出门车辆的品牌型号　　D. 有效日期、院保卫处签章

17. （　　）携物出门时应出示出门证，门岗保安员应查验物品的数量、单位、有效日期和院保卫处签章等内容。

A. 病人　　B. 车辆　　C. 医生　　D. 医院工作人员

18. 某医院车库已满，保安员告知停在车库门口的驾驶员，并请他将车辆驶离现场，但该车主不听劝告，还将车辆横在门前，影响其他车辆驶离，此时保安员错误的

做法是（　　）。

A. 劝说，告知利害关系，并请车主到车库看一看

B. 立刻向上级汇报，请示下一步处理办法

C. 报警，请警方处理

D. 对方蛮不讲理，几个保安员出手推搡教训对方

19. 在医院的下列各类人群中，需要保安员将对方劝离医院区域的是（　　）。

A. 摊贩、表演义卖、乞讨及盲流人员

B. 与医院发生矛盾纠纷的患者

C. 看热闹的人群

D. 送至急诊的醉汉

20. 保安员应该将在医院内的摊贩、表演义卖、乞讨及盲流人员等（　　）出医院区域。

A. 驱逐　　B. 驱赶　　C. 劝离　　D. 架离

21. 保安员在巡逻过程中，下列做法不正确的是（　　）。

A. 保安员绝不进入巡更点或巡逻范围以外的区域

B. 要留意各部门下班后门窗是否关好，电源是否关闭，是否有陌生人停留等

C. 发现问题及时处理，无法自行处理的，立即报告

D. 如遇紧急突发案（事）件，现场保安员有权视情况报警

22. 医院保安员巡逻至行政楼、财务室、锅炉房、危险品仓库等重要部位时，下列错误的方法是（　　）。

A. 应当实施警戒

B. 从表面上观察重要部位外部是否有异常情况

C. 做到“停、听、看、闻、摸”

D. 确认重要部位的仪器电器设施设备使用是否符合安全规定或处于正常运行状态

23. 医院保安员巡逻至行政楼、财务室、锅炉房、危险品仓库等重要部位时，应实施（　　）。

A. 敲、听、看、闻、问　　B. 行、问、听、看、闻

C. 停、听、看、闻、摸　　D. 停、听、敲、问、摸

24. 保安员发现有人在医院内吸烟，正确的处理方法是（　　）。

A. 劝说吸烟者将烟熄灭　　B. 大声喝止对方将烟熄灭

C. 上前直接将烟打掉　　D. 训斥对方不该在这吸烟

25. 医院门诊结束后，保安员巡逻发现有陌生嫌疑人在理应无人的区域逗留，下列询问过程中，不恰当的言语是（　　）。

A.“请问你有什么难事，为什么在这里逗留？”

B.“请你配合我们的工作！”

C.“请你自己将包打开，配合我们的检查。”

D.“此地下班后非医护人员都不能停留、进入。”

26. 某日晚8点钟，保安员发现一人躺在急诊候诊椅上睡觉，以下管理方式中最为妥善的方法是（　　）。

A. 直接视其为盲流，请其立即离开医院

B. 躺在医院肯定身体有病，请医生过来诊断

C. 不去动他，看住他，拨打110报警，让警察来处理

D. 查清情况，分类处理，确为盲流则劝离

27. 一病人找到保安员，称在排队时发现某人形迹可疑，怀疑是小偷，保安员接到报告后，应当采取的措施是（　　）。

A. 当场控制嫌疑人，带往院内治安办公室

B. 观察后认为有作案嫌疑的，拨打110报警

C. 确认有作案嫌疑的，采取控制措施，同时请求支援

D. 观察后排除嫌疑的，向报告的群众说明

28. 保安员发现医院门诊人流量持续增加时，应当及时采取相应措施，以下措施中，错误的是（　　）。

A. 抽调安保力量维持现场秩序

B. 将情况通知门诊办公室、门诊收费处

C. 人流量管理不属于保安员职责范围，不予处置

D. 采取限制人流、拉警戒线、分流人群等疏导方式

29. 在医院挂号收费处，患者或患者家属不容易被盗窃随身物品的情况是（　　）。

A. 缴费或核对发票时忽视保护背包、挎包

B. 排队的时候不断聊天或者东张西望

C. 缴费过程中暴露随身钱包放置部位

D. 边清点药物边将手机、钱包随意放在前台上

30.（　　）不具有盗窃嫌疑特征。

A. 某人沿着病房走廊走动，没有确定的目标，不时往病房里探望并不进病房

B．某人蹲在消防走道里吸烟，看到保安员后继续抽烟

C．在排队挂号的队伍中，发现某人不停往前挤、靠

D．某人与保安员相遇，立刻转身走开或有意回避保安员

31．保安员有防盗宣传的职责，以下提示病人注意防范的言语中，不恰当的是（　　）。

A．“请妥善保管好您的随身财物。”

B．“管好您的钱包，注意身后那个人。”

C．“请您将包拉好，放在身前。”

D．“此处人员密集，请注意防范。”

32．医院门诊 4 楼报警，称一个病人与医生争吵激烈，保安员立即到现场处置，以下处置方式不恰当的是（　　）。

A．劝告其心平气和，有话好说

B．矛盾有升级且不可控的趋势时，拨打 110 报警

C．纠纷难以解决时，引领对方至专职部门处理

D．将双方隔离开，避免病人与医生间的肢体接触

33．保安员接受处理医患纠纷指令或者发现医患纠纷时，应当积极参与处理，下列调解方法中，正确的说法是（　　）。

A．到达现场的保安员人数要适度，时间要适当

B．目的是保护医护人员安全

C．必须穿保安员制服，以公开的方式管理

D．劝患者怀敬重之心，不要苛求医护人员

34．医患纠纷产生的原因很多，（　　）不是构成医患纠纷的直接原因。

A．医疗服务有过错　　B．患者缺乏医学知识，就医期望值过高

C．医院收费太高　　D．医患双方缺乏有效沟通

35．医患纠纷发展是一个过程，在不同阶段有不同的处置要求，（　　）不属于医患纠纷过程中保安员工作要求。

A．纠纷初期调和矛盾，防止激化

B．纠纷激化时，帮助平息、防止暴力化

C．有暴力伤医倾向时，持钢叉等防暴装备到现场

D．有暴力伤医时，挺身而出保护医护人员，控制对方

36．伤害医护人员的违法行为，在地点、时间、手段等方面有自己的特点，

(　　)不属于伤医特点。

A. 伤害行为发生在门诊、护士站、重症监护室、急诊室居多

B. 行为人以老年人居多

C. 一般伤害以拳打脚踢为主

D. 纠纷过程中的临时起意的伤害居多

37. 杀人是严重的暴力犯罪，杀害医护人员的犯罪有其特点，(　　) 不属于杀害医护人员的犯罪特点。

A. 有预谋、携带凶器

B. 一言不发、突然袭击、攻击要害部位

C. 以高学历、高收入人群为主

D. 事先没有争吵闹事，突然爆发，无征兆伤害

38. (　　) 不属于医院暴力伤害医护人员的案件多发地。

A. 门诊室、重症监护室　　　　B. 急诊室、护士站

C. 重症监护室、急诊室　　　　D. 门诊室 、挂号间

39. 保安员保护医护人员人身安全，重在防范，其次是处置，下列防范暴力伤害的不正确措施是 (　　)。

A. 提高三室一站巡视密度（门诊室、重症监护室、急诊室、护士站）

B. 加强对医护人员安全的保护性观察，防突发袭击

C. 强化专家门诊挂号秩序

D. 发现病人及家属与医护人员争吵的现象，采取相应警戒措施

40. 保安员不分岗位，只要发现医院内有伤害他人嫌疑的对方，都应当加强观察、跟踪、报告，下列不属于伤害他人嫌疑的对象是 (　　)。

A. 甲某手握一把打开的小洋刀，向住院部走去

B. 丙某紧随一名护士向拍片间走去

C. 乙某边走边骂医生，怒气冲冲地向门诊部走去

D. 丁某与 6 名家属商量决定到某医生办公室大闹

41. 保安员发现一名患者与咨询台护士在争论，说话嗓门较大，所采取的措施中恰当的是 (　　)。

A. 不宜操之过急地干预，站在不远处静观其变

B. 暂时还不算太激烈，先离开，打起来再上去处置

C. 主动上前，要求该患者别激动、安静点

D. 站立在患者与护士中间位置，防止暴力伤人的情况发生

42. 保安员在巡逻中，听到患者与医护人员的激烈争吵声，正确的处理方法是（　　）。

A. 医患争吵时有发生，自然平息，管了反而生事

B. 立即上前劝阻，隔开医患之间的距离

C. 近距离观察，掌握动态情况，以防不测

D. 保安员在 15 米范围外停步，静观其变

43. 因医疗赔偿费用协商达不到一致，8 名病人家属在医院接待办公室殴打医护工作人员、砸办公室，保安员赶到现场处置，不恰当的方法是（　　）。

A. 挺身而出，大声喝止，先声夺人

B. 以推、拉、挡等动作制止对方伤害医护人员

C. 用身体阻挡行为人侵害，保障医护人员安全

D. 带领医护人员一起实施正当防卫还击

44. 病人家属认为医护人员耽误抢救时间，导致患者死亡，十几个人异常愤怒地推打医护人员及逼跪医生。5 名保安员闻警赶到住院部办公室，保安员进入现场恰当的站位要求是（　　）。

A. 1 名保安员在门口控制进出，一名与家属对话，三名在旁观察

B. 1 名保安员在门口控制进出，4 名保安员入室站立在医患隔离线上

C. 3 名保安员站在办公室门口视情而动、2 名保安员入室与患者家属沟通

D. 5 名保安员入室，站在围绕家属的控制线上

45. 病患家属对某医生开刀手术效果极不满意，数次将医生围住谩骂并推搡。第一名保安员到达现场时首先采取的措施是（　　）。

A. 批评家属，制止家属过激行为

B. 上前劝说并顺势拉或推开家属与医生的距离

C. 立刻通过电台呼叫其他保安员

D. 观察周围环境，留出撤离通道

46. 王某，男，因胃出血来院治疗，后因低血糖在病区摔倒导致颅内出血，院方第一时间将病人转至 ICU 病房，但经抢救无效于次日失去生命体征。家属情绪激动并拒绝将尸体移至太平间，要求院长出面解释，纠纷激化影响医疗秩序。保安员到达现场后错误的处置方法是（　　）。

A. 稳定家属情绪，报告现场情况，安全防范

B. 站在门口观察，家属不打人保安员不干涉纠纷

C. 换便装，采集、固定家属拒绝移尸体的现场证据

D. 同情家属，委婉相劝家属依法解决

47. 家属因各种原因长时间拒绝将尸体从病房移至太平间的行为中，（　　）是构成违反治安管理的行为。

A. 在公共场所停放尸体

B. 因停放尸体影响他人正常生活、工作秩序

C. 因停放尸体影响他人工作秩序，不听劝阻的

D. 拒绝将尸体移至太平间，并谩骂医生

48. 患者许某因手术中突发心力衰竭，经全力抢救无效后死亡。家属情绪失控，召集20多人（其中混有职业医闹人员）在医院大门口堵门、拉横幅、摆灵堂、烧纸钱。保安员到场后不妥当的处理方式是（　　）。

A. 将闹事人员与正常就医人员及围观人员隔离开，维护好现场秩序

B. 取灭火器及时将焚烧物扑灭，防止火势扩散

C. 着便装混入医闹人员中，了解他们的进一步行动

D. 强行将闹事人员拖离现场

49. 保安员听到对讲机呼叫：ICU病房有病人去世，家属正在大吵大闹，阻挠医护人员对逝者进行处理。保安员到达现场对事件采取的正确处置方法是（　　）。

A. 安抚家属情绪，宣传医院制度，稳定现场秩序

B. 告知家属吵闹是错误行为，协助强行拖走尸体

C. 同情家属，也害怕家属人多闹事，只观察不行动

D. 拍照，告知家属将照片发布到网上

50. 在医疗机构中，（　　）是不构成违反治安管理的行为，不应当由公安机关依法予以处罚。

A. 焚烧纸钱　　B. 摆设灵堂　　C. 谩骂保安员　　D. 摆放花圈

51. 家属认为由于医疗过失造成病人死亡，故在医院门诊大楼前架设灵堂向医院讨要说法，保安员接报到达现场后，采取的错误处置方法是（　　）。

A. 劝说家属，设法阻止架设灵堂

B. 向家属宣传法律的相关规定

C. 对全过程进行记录

D. 无须劝导，立即动手拆除灵堂

52．在医院闹事、打人、损毁公私财物的行为，根据主观故意、客观行为以及侵害客体的不同内容，可能涉及的违反治安管理行为的案由有多种，但绝对不会涉及的违法案由是（　　）。

A．殴打他人或者故意伤害他人　　B．扰乱单位秩序

C．寻衅滋事　　D．违反公共场所管理制度

53．保安员夜间巡视发现社会人员在医院候诊椅子上留宿，保安员恰当的处理方法是（　　）。

A．训斥对方，斥责其将医院当旅馆

B．强行驱逐留宿人员

C．宣传医院制度，坚决劝离

D．熟视无睹

54．保安员在门岗值勤时遇到一病人投诉本院保洁员，称保洁员打扫卫生时拖把从病人脚上拖过且态度恶劣，保安员正确的回答是（　　）。

A．没有看到发生的事情，不能认定保洁员有错

B．投诉的事情与保安员无关

C．认为病人小题大做

D．问清情况后做好化解工作，或告知投诉接待室位置

55．一病人怒气冲冲、情绪激动地向保安员询问院长办公室地址，保安员回答询问最不恰当的方法是（　　）。

A．反问对方找院长做什么？

B．告知不能随便暴露院长办公室位置

C．告知院长很忙，如果投诉可以到职能部门

D．向队长报告有人要到院长办公室投诉

56．保安员发现发放小广告的嫌疑人，他采取的处理措施中，恰当的方法是（　　）。

A．当对方发出小广告的时候，上前扭获并处罚

B．调整监控探头，视频固定发小广告行为

C．向其宣传医院有关制度，劝其离开医院区域

D．以扰乱医疗机构正常秩序为名，送公安机关处理

57．保安员在维持晨间挂号排队秩序时，有人插队，（　　）属于保安员不当的处理方法。

A．及时制止，请其离开　　　　B．礼貌宣传，告知利害关系

C．群众不投诉时，保安员不管　　D．询问有无特殊情况

58．患者家属向保安员老张反映，大约半小时前，在 1 楼挂号处 1 号窗口挂号时，包里的手机不见了。下列保安员处理方法中不恰当的是（　　）。

A．了解事情过程，确认是否盗窃　B．告知家属报警

C．请求回放监控录像查实　　　　D．到现场调查

59．某病人站在 6 楼病房走道尽头的窗口欲跳楼，现场保安员错误的做法是（　　）。

A．及时报告　　　　　　　　　B．拉警戒线，控制围观人群

C．训斥对方“自己负责”　　　　D．调查跳楼者相关身份

60．保安员在履行安全管理时遇到某人无理谩骂，保安员面对谩骂不恰当的处理方法是（　　）。

A．礼貌地向对方作适当说明　　　B．与对方强烈争辩，引起围观继续争辩

C．呼叫上级领导处理　　　　　　D．由同事协助冷处理

61．有记者在病区采访某病人，保安员没有接到上级关于记者采访的通知，保安员上前处理时正确的做法是（　　）。

A．不由分说阻止采访

B．用手遮挡采访摄像镜头

C．上前询问采访是否履行相关手续，并阻止采访

D．呼叫其他保安员上前阻拦

62．群众向某保安员报警，约 10 分钟前，自己停在 3 号楼停车场的电瓶车不见了，保安员比较恰当的处理方法是（　　）。

A．问清被盗车辆情况，帮助寻找　B．请被害人自己报警

C．向队长报告并请示　　　　　　D．批评失窃人没有防范意识

63．保安员巡逻时发现一陌生人手中拎着一个装有物品的布袋，鬼鬼祟祟，涉嫌盗窃，下列措施中，不恰当的做法是（　　）。

A．喝令陌生人接受检查　　　　　B．报告并跟踪观察

C．请监控中心配合监视　　　　　D．在大门口实施登记

64．医院内发生机动车碰撞事故，（　　）属于不当措施。

A．打电话请交通民警处理　　　　B．损失轻微时，劝说双方和解

C．维持秩序，保障其他车辆通行　D．事故比较严重时，需报警

65. 保安员听到一些人的突发惊叫声，他循声跑去，看见在 5 号大楼下一自杀男子躺在血泊中，尚有一丝气息，此时保安员第一时间应该（　　）。

A. 拨打 110 报警电话　　B. 拨打 120 医疗急救电话

C. 报告增援抢救男子　　D. 报告医院领导

66. 保安员小李接到老吴对讲机呼叫，医院某处有人坠楼自杀，下列不需要保安员采取的措施是（　　）。

A. 向知情者了解死者身份及过程　B. 用手机现场拍照，固定证据

C. 拉起警戒线疏散人群，保护现场　D. 正在下雨时，用塑料布遮盖尸体

67. 接保卫科电话，医院住院部外科有一名住院病人是“法轮功”教徒，保安员到场后正确的做法是（　　）。

A. 检查其随身携带物品，是否有“法轮功”宣教物品

B. 告诉病房内其他病人他的“法轮功”教徒身份

C. 换便衣，在可视的范围内严密监控

D. 在看护过程中，陪其聊天讨论“法轮功”

68. 保安员发现医院中央绿地有多人赤手空拳互相扭打在一起，（　　）是保安员最妥当的措施。

A. 悄无声息地离开现场

B. 迅速呼叫同伴，隔离矛盾双方，控制事态发展

C. 站在一边呼叫“不要打了。”

D. 保安员盯着不熟悉的一方，大叫“你们不要打了！”

69. 有人呼叫：医院某处发生数十人械斗事件。此时，保安员采取的不恰当处理方式是（　　）。

A. 迅速赶赴现场报告上级领导

B. 手持保安员棍大声喝止、劝告，控制事态

C. 有其他急事要处理，绕道离去

D. 呼叫同伴增援并报警

70. 医院输液间有一名醉酒人员无端寻衅滋事，在下列保安员措施中，错误的处理方法是（　　）。

A. 将滋事者引导出现场　　B. 无法控制时，现场报告

C. 耐心劝导醉酒人员　　D. 对打砸破坏的现场拍照固定证据

本章测试题答案

一、判断题

1. ×	2. √	3. √	4. ×	5. ×	6. ×	7. ×	8. ×
9. √	10. √	11. √	12. ×	13. √	14. ×	15. √	16. ×
17. √	18. √	19. √	20. √	21. ×	22. ×	23. ×	24. √
25. ×	26. √	27. √	28. √	29. √	30. √	31. ×	32. ×
33. ×	34. √	35. ×	36. ×	37. ×	38. √	39. ×	40. √
41. ×	42. √	43. ×	44. √	45. ×	46. ×	47. ×	48. √
49. √	50. ×	51. √	52. √	53. ×	54. √	55. √	56. ×
57. ×	58. √	59. √	60. ×				

二、单项选择题

1. D	2. B	3. A	4. C	5. D	6. A	7. C	8. D	9. B
10. A	11. C	12. B	13. B	14. C	15. D	16. C	17. B	18. D
19. A	20. C	21. A	22. B	23. C	24. A	25. C	26. D	27. C
28. C	29. B	30. B	31. B	32. B	33. A	34. C	35. C	36. B
37. C	38. D	39. C	40. B	41. A	42. C	43. D	44. D	45. B
46. B	47. C	48. D	49. A	50. C	51. D	52. D	53. C	54. D
55. B	56. C	57. C	58. B	59. C	60. B	61. C	62. A	63. A
64. A	65. C	66. B	67. C	68. B	69. C	70. C		

治安重点单位保卫基础知识和基本技能

治安重点单位保卫基本技能是指保安员依据法律和规章，运用各种技能手段，观察发现、识别、查问、查验和确认可疑对象，查找、追击、擒获、扭送犯罪嫌疑人的专门技能和方法。保安员的行动一般具有潜在的危险性，犯罪嫌疑人总是躲避逃窜，甚至会不择手段地袭击、伤害阻拦者。基本技能是保安员应对实战需要的一门重要应用性科目。

2.1 观察发现和辨认

保安员在执行安保过程中，一项重要的技能就是通过观察人、事、物的各种外部现象，从中发现和捕获各种细微的反常迹象，通过积极的思考来审视判断这些反常现象。

2.1.1 观察发现的一般方法

保安员的大部分活动是发现形迹可疑的人、事、物。观察对象的多变性和复杂性，要求保安员必须充分掌握正确的观察方法，采用恰当的观察技巧，克服社会环境中的不利条件，以达到观察的目的。因此，保安员在掌握观察理念的基础上，选择正确的观察发现方法，就显得十分重要。保安员应根据观察对象的规律和特点，采取有针对性的观察发现方法，准确抓住瞬间即逝的反常现象和情况，并迅速作出分析判断，为下一步采取的行动提供准确依据。发现疑点大体有以下六种方法：

1．瞬间识别法

瞬间识别法是指保安员在最短的时间内，用眼睛捕获识别对象的特征，并看清周围的一切，快速分析判断，立即作出决定并调动身体作出有效反应的一种方法。

瞬间识别法是视觉能力、记忆能力和快速反应能力这三种能力的综合。

保安员在通常情况下，对巡逻区域内可能发生的违法犯罪情况并不知晓，只能运用敏锐的观察力和丰富的社会生活实践经验，结合违法犯罪人员的活动规律，从繁杂的社会群体行为中发现个别反常迹象，从而识别、发现、揭露、抓住伺机违法犯罪、正在违法犯罪或犯罪后逃匿的人员。这是保安员巡逻的重要目的之一，也是完成巡逻、查问、查验任务的关键性问题。

2．全方位观察法

全方位观察法是指保安员在执勤过程中，对自己视听所及的范围进行全面的观察，要求保安员尽可能地发挥五官的能动性，调动各个器官，做到“眼观六路、耳听八方”，不放过一丝疑点，把整个巡逻面都纳入自己的观察范围，避免遗漏疑点。但由于全方位观察法要求全面观察，平均用力，分散精力，使得感官始终处于高度紧张的状态，容易疲劳，有时反而会降低观察效果。

3．重点观察法

重点观察法是指保安员在巡逻过程中，根据掌握的犯罪信息资料、犯罪活动规律和上级要求等情况，专门对一种或几种可疑情况进行重点观察。具体来说，有以下四种情况：

（1）带案观察法。保安员根据通报的案情或通缉的犯罪嫌疑人，在巡逻中特别加以观察和寻找。如从电台中得知刚发生一起盗窃黑色皇冠车案件，保安员应立即对街上行驶的黑色皇冠车特别加以注意。

（2）时段观察法。巡逻时，保安员应依据违法犯罪的时间规律进行重点观察。如某地的违法犯罪时间规律为冬季盗窃、抢劫案件居多，夏季耍流氓、打架、伤害案件居多，因此，在上述时间内，保安员就要对上述几种案件所表现出来的可疑情况进行重点观察。又如，某地凌晨2—5时为案件高发时间段，在这个时段，就要求保安员增大观察强度。

（3）地点观察法。保安员应对某些违法犯罪的常发地点进行重点观察。

（4）定位观察法。保安员在巡逻时，应有明确的分工，有各自的责任区域或者责任目标，这就是所谓的定位观察法。通过定位观察落实岗位责任制，强化定岗、定人、定查的方法，以避免出现顾此失彼的现象。

重点观察法强调保安员明确观察对象，做到有的放矢。较之于过分求稳的全方位观察法而言，重点观察法则是以巧取胜，增强保安员主动发掘可疑的意识。但过分强调重点观察法，也会导致忽略对其他方面的观察，造成某些疑迹的失控。巡逻实践中，应将重点观察与全方位观察有机地结合起来，灵活运用，互相补充。

4．专注观察法

专注观察法不同于以上方法，上述均是为了发现最初的疑点而运用的。但有些出现的疑点是模糊的、不确定的，并且难以判断。所以，为进一步掌握疑点的确切性，需要运用专注观察法。这种方法比较专一，具体落实到一个人或集中到一个点。如有人深夜在要害部门闲逛，保安员认为有可疑的迹象，但不能确定此人要干什么，就采取跟踪蹲守等方法进一步观察，弄清此人的最终目的。通过专注观察法，可以进一步扩大疑点的明朗度，决定是否有进行查问的必要。如有查问的必要，即可根据对象的特点，迅速设计查问的策略、步骤和技巧，有准备地开展查问。

5．浏览观察法

所谓浏览观察法，就是将观察范围内的人、事、物普遍地、粗略地环视一遍，通过浏览使自己对环视范围的人、事、物有个初步的认识或大致的了解，为下一步定向观察打下基础。浏览要有明确的目的，即大致了解范围内的人、事、物，将注意力集中在搜索寻找反常线索上。浏览观察的保安员要在广泛浏览的基础上，根据查问任务的需要及时准确地发现目标。否则，在瞬间就有可能因为观察者的经验、注意力的影响，造成嫌疑人员的伪装、脱逃或隐藏。因此，在实施观察时，保安员必须环顾四周，兼顾远近，了解概况，抓住要点，及时发现不同方向、不同方位潜在的嫌疑人员。

在巡逻时，要加强对非盘问对象及危险情况的观察。特别是在复杂公共场所、夜间光线暗淡等视野窄小，以及嫌疑人员多且又不完全确定的情况下，就可以更大范围地监视外部环境，防止犯罪嫌疑人从背后或侧翼偷袭，造成我方人员伤亡或犯罪嫌疑人逃脱。

6．定向观察法

定向观察法是指在获得比较确切的治安信息或熟悉通缉、协查通报的基础上所进行的目标明确的观察。特别是犯罪嫌疑人或通缉、协查的犯罪嫌疑人已进入保安员工作的区域时，保安员就应将注意力重点放在搜寻犯罪嫌疑人上，加强寻找与犯罪嫌疑人体貌特征相似的人员。同时，还要加强对着装特点、语言情况、携带物品以及犯罪嫌疑人身上的各种特征标志的观察，以减少观察的局限性，提高工作的准确性。

正确实施定向观察，有助于认定犯罪嫌疑人，有助于提供侦查线索和缩小工作范围。

2.1.2 观察发现的途径

1. 心理观察

（1）由于心理活动的作用，人们的身体动作、面部表情或语音语调都能表示出一种无法用技巧来掩饰的定势。

（2）犯罪人进行犯罪，通常有一个从预谋到实施的过程。

（3）在预备犯罪时，犯罪人会发生心理上的冲突。当冒险、侥幸心理占主导地位时，犯罪的目的、动机开始确立。

（4）当案犯确立犯罪行为目的、形成犯罪行为动机以后，为了使自己顺利达到目的而又不被惩罚，就需要决定行动的手段或途径，包括作案方式的选择、对象的物色、工具的准备、作案时间与路线的选择，以及作案后如何销赃灭迹或潜逃。在准备过程中，犯罪人会通过对现场的观察和凭借经验进行假设、推理、预测，来选择既不被发现，又能达到目的的最好实施方法。

（5）尽管案犯对犯罪行动进行了准备，但犯罪行为实施的危险性和应受到的惩罚性，使得案犯在实施犯罪时具有强烈的恐惧心理。在这种情况下，案犯的情绪紧张、慌乱，容易出现破绽。这是一种神经运动过程，从心理和行为上讲是一种自动化的行为活动方式，即习惯、技能、技巧等活动的神经机制，也是难以抗拒的心理现象。由此可见，无论犯罪嫌疑人多么老练，也会因危险的到来而心情紧张、激动，暴露出蛛丝马迹。

（6）案犯的心理变化具体表现在面部表情和眼神上。案犯在活动中也总是要避开保安员，当被保安员注意时，就会表现出胆怯、躲避，显得十分紧张、局促或无所适从。

（7）心理观察的要领是注意犯罪嫌疑人的眼睛，通过眼睛窥测出犯罪嫌疑人的心理状态，并视情况作出相应的判断。保安员也可以通过犯罪嫌疑人身体携带的物品、藏匿的物品等，作出相应的判断。

2. 行为观察

（1）行为观察是指保安员对犯罪嫌疑人的行为动作进行观察的活动。人体的各种机能，通过条件反射在大脑皮层有关中枢之间形成暂时的联系，再经过一定次数的反复巩固和强化，就能达到自动化的程度。当神经活动定型中的某一环节起作用时，相关的环节立即自动重复出现。

（2）人可以在意识的支配下进行伪装，但这种控制和支配是有限的，只能在意识所及的范围内推动着伪装的实施，反常的表现仍会不自主地流露，特别反映在姿态、手势、面部表情和目光的交流中。

（3）保安员要掌握各种犯罪活动的特点和手法，并注意从嫌疑人的正常行为中找出异常的动作。一旦准确地把握这一判断标准，结合成功的经验，就不难识别出犯罪嫌疑人的动作变化。

（4）保安员在评估犯罪嫌疑人的行为表征时，还应注意那些紧随其后的，特别是目光交流时出现的动作变化及这种行为的反应方式。

2.1.3 观察发现目标的能力

保安员巡逻时，观察效果的优劣往往受到主客观两方面因素的制约。

1. 观察对象的情况复杂多变，保安员必须注意将观察到的人、事和物，与科学的分析判断结合起来，善于抓住观察对象的内在实质。

2. 保安员观察的对象是社会中不断处于动态之中的人及人的行为，因此，保安员应注意克服用静止、孤立的观察方法进行观察的倾向，而应以动态发展的眼光、运动的眼光和辨证换位的眼光去观察。

3. 违法犯罪是在运动的状态下进行的，变化无常，观察的时机稍纵即逝。因此，保安员观察时，必须善于捕捉可疑人瞬间出现的反常现象。要求迅速准确，在比较短的时间内掌握更多的信息，特别是要以最快的速度抓住观察对象的主要特征，以利于评估判断情况，果断决策。

4. 注意事后的整理和总结。保安员在巡逻结束后，应把观察到的情况进行记录并整理，写出书面总结；并把有价值的情报线索主动提供给当地派出所，也为以后的观察工作奠定基础。

2.1.4 观察可疑对象的技巧

1. 对身份可疑者的观察

（1）身份证与本人不相符或持假身份证。

（2）与身份证相貌、年龄、籍贯、口音等有明显差别或不相符。

（3）一个人持几个身份证或几种工作证。

（4）行为与其所处的时间、空间不符，装束不合时令且神色慌张的人，一经发现，便应进行查问。

2．对行为可疑者的观察

行为可疑者是指有从事违法犯罪活动的嫌疑，其行为举止违背规律，违反正常人的行为模式，且又符合或相似于一些违法犯罪活动特征的行为人。如：

（1）神态异常，行为慌张，在人群中挤来挤去。

（2）在居民区、商场、仓库、银行等地方张望窥视，鬼鬼祟祟，久久不愿离去。

（3）不断地接近妇女、儿童，并与之同行，看到保安员后，躲躲闪闪，表情惊慌，疾步走开。

3．对体貌与面部表情可疑者的观察

（1）已知犯罪嫌疑人或具有与通缉、通报对象相似的体貌特征，且年龄相一致，口音相符合，衣着和随身所携带的物品相似。

（2）面带惊恐之状或疲劳困倦之意。

（3）戴黑色眼镜或大口罩，整容或化妆奇特，有意改变原面貌，企图蒙混过关。

4．对携带可疑物品者的观察

（1）携带疑似作案工具。

（2）携带现金数额巨大。

（3）携带疑似毒品、枪支、凶器等违禁物品。

（4）在夜间携带数量较多、体积较大、包装无规则的包裹。

（5）身背、肩扛，或用自行车、手推车、三轮车装运，且遮遮掩掩，怕碰撞、怕触摸，躲躲闪闪，神情慌张。

5．对带有明显犯罪迹象者的观察

（1）身负枪伤或可疑外伤，浑身血迹或污痕。

（2）衣服被撕扯或破损严重。

（3）推着行走的自行车、摩托车，车锁有明显撬痕。

（4）驾驶的汽车挡风玻璃被砸破，车锁有明显撬痕。

6．对其他可疑者的观察

（1）关系可疑者，即与相处在同一空间的人的关系和行踪异常。

（2）男女同行时年龄不相符，表情异常。

（3）女人精神异常，或男的主动、女的害怕，纠缠不清的。

（4）上身西装革履，下身却肥裤、球鞋，打扮不伦不类的。

（5）衣着破旧，却携带高档手提箱，明显不协调的。

（6）衣着整洁，却在树丛、杂草等黑暗角落藏身。

(7) 在尚未竣工的楼房、涵洞、工棚等处落脚、躲藏或昏睡的。

上述行为多为违反常规的异常现象，这些无声的信息是暴露违法犯罪嫌疑人心理状态的镜子。

总而言之，各种违法犯罪嫌疑人的个性特征及表现具有一定的规律性，保安员通过察言观色、评估判断，就可以较准确地锁定犯罪嫌疑人。认真摸索、观察、分析、判断、积累违法犯罪嫌疑人的活动规律，能为更好地完成巡逻任务打下良好的基础。

2.1.5 辨认

1. 辨认的作用

辨认是保安员的一项基本功，是指在巡逻时，将识记过的通缉、协查对象的体貌形态特征，与相似或近似的通缉、协查对象进行比较鉴别，以识别和确定犯罪嫌疑人的一种巡查方法。

由于犯罪活动的复杂性和向智能化发展的趋势，在犯罪现场能够当场捕获的案犯往往只是少数，而大量案件中的犯罪嫌疑人则要通过公安部门各种侦察措施和手段才能查获。

保安员利用犯罪嫌疑人的体貌特征，为发现、辨别、确认、缉捕犯罪嫌疑人提供依据，为警察破案提供线索。同时，保安员在维护管辖区的社会秩序方面具有重要的作用。保安员对协查对象的体貌特征掌握准确，就能有效地做好发现、辨认工作；反之，就有可能遗漏犯罪嫌疑人，而贻误时机或影响工作。

2. 辨认的准备

辨认是通过识记和储存的有关对象的信息，在需要时或在特定的环境中，再现原先识记的内容，并与对象进行比较、辨别、认定的活动。

(1) 感知觉辨认对象。辨认对象的微身体形态直接作用于人的感觉器官，不仅产生感觉，而且还会产生知觉，即人脑中产生对该客体形态的反映或体貌形态之间简单的关系反应，在知识经验的参与下，经过人脑的加工，对客体有一个整体的认识。

(2) 记忆辨认对象。记忆是通过识记、保持、再认定等方式在人脑中的反映。识记是记忆的开端，是反复认识某一客体对象，在头脑中留下痕迹，形成暂时神经联系的过程。保持是记忆过程的中心，没有保持，就没有记忆，辨别和认定就缺乏可信度。再认定是对过去感知过的对象，再接触时会有熟悉感，知道是知觉过的对象。熟记客体对象的体貌特征，才能在执行职务时辨得清、认得准，提高工作效率。

辨别和认定需要经过长期刻意的训练才能形成一种职业能力，保安员应当在最短的时间里辨别和认定所有辨别对象，这是能及时发现和辨别出有关人员的关键。

3. 辨认的能力

（1）全面掌握体貌特征的一般知识。体貌特征是人体形态的标志，是一个人的身体形态特点不同于他人的具体表现。研究体貌特征，就是要反映人体的轮廓与类型，人体的动、静姿态和与畸形、病变有关的体位变化。这是实施辨别、认定的基本条件。

（2）注意控制体貌特征的特定形式。人体受地域差别、生活习惯差别、工作劳动环境差别及其他差别的影响，往往会在人体形态上表现出习惯性特征。人的体貌特征一般分为静态特征、动态特征和特别特征。由于这三种特征的部位、形状、大小不同，相互之间组合不同，使人的体貌形态在一定程度上可能出现相似，但整体是不会相同的。对人体的外在表现形式挖掘得深，就可以为辨别和确认奠定坚实的基础。

（3）整体把握体貌特征的差异形态。人的生长发育阶段、性别特征、年龄特征、发展顺序、变化都是相对稳定的。虽然人们可能会进行伪装，但这种控制和支配是有限的，只能在意识所及的范围内进行伪装，而人的定型化的姿态和行为会不自主地流露，特别是男女性别上的伪装，一般只能在化妆或服饰上下功夫，从男女形体上加以伪装比较困难。因此，保安员在巡逻时，要根据已掌握的信息和已发现的犯罪嫌疑人作整体性的辨别和确认，切不可被假象所蒙蔽。

2.1.6 夜间观察与潜听的方法

1. 夜间观察的方法

（1）保安员用肉眼由高处向低处观察，不易发现目标；由低处向高处透空观察，容易发现目标。

（2）位于灯火附近，背向光亮看得远，面向光亮看得近；光亮前面的目标看得清，光亮后面的目标看不清。

（3）位于暗处向亮处观察看得远，反之看得近。保安员位于亮处易被查缉对象发现，而不易发现查缉对象。

（4）小物体、模糊的物体不易被发现；大物体、明亮的物体易被发现。

（5）在白色地面上物体易被发现；在暗色地面上或者阴影里的物体难被发现。

（6）移动的物体易被发现；静止的物体难被发现。

（7）夜间强光突然刺激眼睛，容易出现暂时的失明现象；由亮处到暗处，观察适应时间较长。

(8) 无伪装的人员和物体易被发现，有伪装的人员和物体难被发现。

(9) 昏暗的夜间，白色、浅色的物体易被发现，黑色、深色的物体不易被发现，白色、灰色的物体难分辨。

(10) 利用夜视器材观察，黑夜比月夜看得清，暗夜比明夜看得清，天色越黑暗，越看得清。透空和无伪装人员易被发现；低凹或拐角处，有伪装者难被发现。反光物、浅色物易被发现；深色物不易被发现。

(11) 利用夜视器材观察物体，颜色与背景不一致易被发现，颜色没有反差的不易被发现。

(12) 利用夜视器材观察物体，温度差别越大越易被发现，物体处于运动状态也易被发现。

2. 夜间潜听的方法

(1) 室外潜听的技巧

1) 静夜、深夜、拂晓、四周寂静时，声音听得远；有噪声时，声音听得近；响声听得清，雨声、风声听不清。

2) 对上风的声音听得远，对下风的声音听得近。

3) 在冰雪、坚硬地上行动的声音听得远，在薄雪、松软地上行动的声音听得近。

4) 对高处的声音听得远，对低洼处的声音听得近。

5) 车辆声响听得远、听得清，脚步声响听不清。

6) 空旷无遮蔽物的地形声音听得远，有复杂遮蔽物的地形声音听得近。

7) 下雨天，位于树下、房屋近旁听得清，在激流近旁听不清。

8) 冬季草木枯凋，声音听得远；夏（春）季草木茂盛，虫声嘈杂，声音听得近。

(2) 夜间观察与潜听位置的选择及要求

1) 夜间选择观察与潜听的位置，应根据查缉对象活动情况、地形、气候、时间、现场环境、任务而定。其位置应选择在低、暗、静处，便于隐蔽身体，进行透空观察和伪装，要尽量避开独立明显、透空的物体，避开声音嘈杂的地点。

2) 熟悉地形与目标位置，主要熟悉方位物、地形、对象情况及其所处位置，判明对象可能逃跑的方向和可能利用的地形。

3) 严密伪装应尽量利用地形，实施伪装。

4) 检查通信器材。对对讲机、夜视器材等进行检查，以保障通信畅通、夜间视物清晰等。

5) 特别要注意对建筑的暗影处、死角处、转弯处、墙根，以及凹地、树后、树上、建筑材料堆放处、建筑物突出的高平处、草丛和灌木丛较多的隐蔽黑暗之处进行检查。

6）用光源进行照射，同时将身体隐蔽，尽可能确定对方身份。若对方答话并站立等待，可上前保持一定距离进行盘问，没发现疑点后放其通行，发现疑点可带回审查。若对方不答话，反而拼命逃跑，应紧追不舍，在没有弄清对方身份之前，先做好自我保护。

7）如果缉捕目标逃无踪影，搜索又无结果，不可单人贸然行动，可撤回并对缉捕目标逃跑的路线沿途或处所进行搜查，看是否有重要线索和罪证，然后再采取下一步行动。

2.2 识别

2.2.1 识别概述

识别是指保安员在执行安保业务活动过程中，运用自己敏锐的观察能力、丰富的社会经验和相关专业知识，结合违法犯罪人员活动的规律特点，以感知的外部事物特征为依据，对违法可疑人员的形态、行为、动作、衣着、方言和证件等进行判别的过程。

1. 保安员

应注意观察下列差异

（1）行为和时间的差异。人的社会生活往往有一定的规律，通常情况下是白天社会活动频繁，晚间相对安静，一般不会做出反常、怪异的事情。所以，如果有人夜晚在银行、仓储、住宅和机关单位徘徊观望；或蒙面闯入居民楼，深夜搬家，携带大背包；或白天到居民区乱推住户房门等，就要引起保安员的注意，因为这些行为均有嫌疑。

（2）行为和身份的差异。由于所处的环境、接触的文化层次、社会职业地位和人际交往方面的异同，人们在穿戴、谈吐、职业习惯、处事等方面有很大差异。有些人往往冒充各种职业和身份进行犯罪活动或逃避打击。保安员通过巡逻观察、分析，可以看出这些人身上的可疑点。

（3）行为和周围环境的差异。在一般环境下，犯罪嫌疑人的心理、动机及所表现出的与人接触时的态度、表情都与普通人有所不同。普通人心态平和，情绪正常，行为自然；犯罪嫌疑人则神态怪异，精神紧张，行为拘束，不放松，眼睛惊恐不安。

2．保安员应注意下列特征的人

（1）遇到保安员，有意掩盖或改变本来体貌特征。

（2）遇到保安员，神色慌张，故意避开保安员视线。

（3）在人群中东张西望、神色慌张。

（4）像是在寻找丢失物品。

（5）脸色饥黄，消瘦乏力。

（6）穿着打扮不合时宜，行色特别。

（7）身体上有新鲜外伤、刀伤、不明血迹或衣服撕破。

（8）行为诡秘，动作反常，单独溜达，匆匆忙忙进出人群。

（9）长途旅行不带或少带行李。

（10）穿着与其佩戴的物品不相称。如佩戴的项链、手表等外露物品与其穿着不符。

（11）携带的物品与其身份不相符。如男性携带女性的拎包、背包，或随身携带有插片、螺丝刀等可疑物品。

（12）驾驶的交通工具与其身份不符或车上有明显的拉断、撬压等痕迹。

2.2.2 谈话中识别可疑人的方法

1．交谈识别

（1）保安员盘问时，对方音质发生变化。

（2）对方对问题的回答前后不一致。

（3）在问话的同时，要仔细观察对方的眼睛，如眼神飘忽不定，故意逃避保安员，则说明其有可能在说谎，以此追究到底，可能有重大突破。

（4）怀疑对方说谎但又问不出关键问题的，可先缓和气氛，然后突然发问，在对方没有心理准备的情况下，容易获取线索。

（5）谈话吞吞吐吐的，可抓住疑点，使其不能逃避问题。

（6）谈话时突然下意识地捂住嘴的，可继续追问。

2．方言识别

巡逻保安员通过对识别对象的问话，可以从对方谈话中使用的方言判断其大致生活或居住的地区，从而发现、确定犯罪嫌疑人。

（1）华北、东北方言：我国北方方言分布地域广，使用人口占汉族人口总数的半数以上，主要分为四个方言地区。华北、东北方言分布在北京、天津两市和河北、河南、山东及东北三省、内蒙古的部分地区。

（2）西北方言：主要分布在山西、陕西、甘肃及青海、宁夏、新疆、内蒙古的部分地区。

（3）西南方言：主要分布在四川、云南、贵州等省及湖北的大部分地区。

（4）江淮方言：主要分布在安徽、江苏两省长江以北地区，以及镇江以西、九江以东的长江南岸沿江地区。

（5）吴方言：主要分布在上海市、江苏省长江以南镇江以东地区以及南通的小部分地区、浙江省的大部分地区。典型的吴方言以苏州话为代表。

（6）湘方言：主要分布在湖南省的大部分地区，以长沙话为代表。

（7）赣方言：主要分布在江西省的大部分地区，以南昌话为代表。

（8）客家方言：以广东梅县话为代表，分布在广东、福建、台湾、江西、广西、湖南、四川等省，以广东东部和北部、福建西部、江西南部、广西东南部为主。

（9）闽方言：分布区域跨越四省，包括福建省的大部分地区、广东东部潮汕地区、海南和雷州半岛的部分地区、浙江南部温州地区的部分区域、台湾省大多数汉人居住区。

（10）粤方言：以广州话为代表，当地人称之为“白话”，分布在广东中部、西南部和广西的东部、南部等约一百多个县。

2.2.3　对面带疲惫、困倦、惊恐失常人员的识别

1．对面带疲惫、困倦人员的识别

（1）由于采用夜间作案、白天潜逃的方式长途流窜，加之连续作案；或遭到围追堵截而抵制反抗逃离现场，犯罪嫌疑人体力消耗过大。

（2）犯罪嫌疑人精神始终处于高度紧张状态，彻夜不眠，眼睛充血发红，出现困倦、疲惫不堪的表情。

（3）保安员要对在车站、码头等公共场所，躲在角落里席地而卧、打盹睡觉的人进行重点查问。因为这些人与正常出差、旅行观光、探亲访友的旅客有明显的差别。

2．对面带惊恐失常人员的识别

（1）由于犯罪使其在心理上形成巨大的压力，犯罪嫌疑人经常处于怕暴露被捕获而遭受打击的紧张不安的状态之中，恐惧、心虚不安、惊恐万状的心态往往难以抑制。

（2）惊恐的心理活动，会反映在犯罪嫌疑人畏罪逃匿过程中的动作行为、神态表情上，做出反常表现。犯罪嫌疑人一般不具有正常人外出办事时神态自然、轻松愉快、

有说有笑的表情。特别是那些流窜外逃或刚刚逃离现场的案犯，紧张、恐惧的心理更加突出。

（3）犯罪嫌疑人有表情木然紧张、眼神飘忽不定、东张西望、行动鬼祟、避人耳目的行为举止表现。

（4）犯罪嫌疑人对周围环境和人员特别警觉，极为敏感多疑。同行犯罪嫌疑人之间多表现为窃窃私语，利用眼神、手势、暗语传递信息等。

2.2.4 体貌特征识别技巧

1. 行为举止的识别

（1）“迎合反应”。遇到保安员主动打招呼、套近乎、递香烟，过分热情。

（2）对保安员的现场查问行动特别“关注”，多方打探消息，仿佛案件与其有利害关系。

（3）看到保安员时，急于避开保安员视线或有故意回避行为。

（4）行色异常，动作僵硬（腰腿不灵活）。

（5）接受盘问时，手臂、腿发抖，额头出汗，脸色发白或泛红。

（6）在人行道上来回游荡、东张西望。

（7）长时间蹲在路边，无行李物品。

（8）无明显残疾但走路不正常，则可能身上携带违禁物品。

（9）长时间尾随单身女子，则可能是强奸、抢劫或扒窃的犯罪嫌疑人。

（10）目光呆滞，反应迟钝，突然吞食异物，则可能是有服毒自杀倾向的人员。

2. 身份可疑人的识别

身份可疑人一般均持有不符身份的证明，从其所持证件与其他有关情况的相互对照中，其真实身份不明，值得怀疑。

（1）令其出示有关身份证明，适当查问，认真分析其自述的真伪，可反复发问使其露出马脚。

（2）对籍贯、文化程度、职业等基本信息，可以通过直接交谈的方式与其自报的身份加以对照核实，揭露其伪装的身份。

（3）持有证件与本人自报身份不符。

（4）一人持有几种内容、身份矛盾的证件。

（5）言谈、举止、穿着、口音等与其本人自报的文化程度、职业、籍贯、出生地、户口所在地等不相符。

（6）持有或使用伪造、涂改、作废证件或冒用他人证件。

（7）盗用、伪造大机关的证件、介绍信。

（8）假冒港商、台商、军官、专家、教授、高干等身份。

（9）持有较高头衔的烫金名片，以总经理、董事长的身份活动。

3．头部的识别

（1）头部特征识别。头部特征识别是巡逻保安员根据各地公安机关发出的《通缉令》或《协查通报》中描述的犯罪嫌疑人的相貌特征，从头部特征和体态特征入手，对案犯进行辨认和识别的活动。人的头面部形态是进行个人识别的关键。人的头部形体大小与年龄和身高有密切的关联。

（2）头部动作。头部动作也是运用较多的身体语言，而且头部动作十分细腻，需根据头部动作的程度，结合具体的条件来对头部动作信息进行判断。

1）摇头动作。在我国，摇头一般表示拒绝、否定的意思。在一些特定背景条件下，轻微的摇头还有沉思的含义和不可以、不行的暗示。

2）点头动作。点头可以表示多种含义，有赞成、肯定、理解、承认，还表示事先约定好的特定暗号等。在某些场合，点头还表示礼貌、问候，是一种优雅的社交动作语言。

4．五官特征的识别

每个人五官的大小、位置、距离都不太一样，这就形成了颜面部的不同形态特征。一般采用“三庭五眼”（见图2—1）为标准比例，去观察人的颜面五官位置的距离。

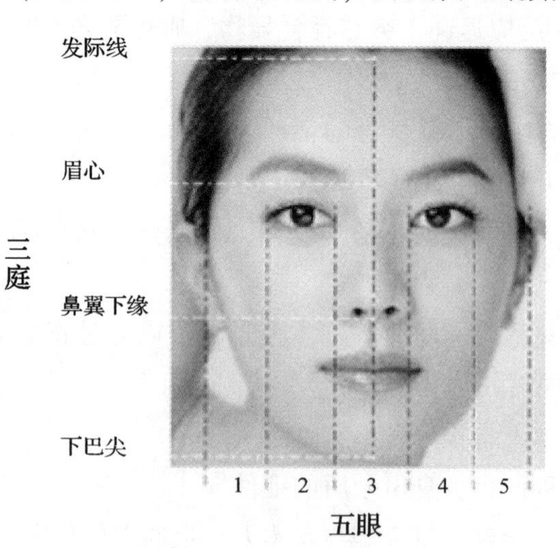

图2—1　“三庭五眼”示意图

（1）“三庭”是指发际线至眉心线、眉心线至鼻翼下缘线、鼻翼下缘线至下巴尖的距离相等。

（2）“五眼”是指从正面观察人的颜面部，两侧外耳孔至同侧眼角的长度与眼长及两眼间的距离相等。

5. 发际线与前额的识别

（1）发际线指前额头发生长线的形状。每个人的发际线虽大体相似，但也各有特点，一般分为弧形、直线形和曲折形。

（2）发际线至眉间距的部位称为前额。前额的大小、宽窄、高低和倾斜度因人而异，形成了人的额部形状特点。

6. 眉毛的识别

人的眉毛各有特点，而且男女之间有很大的差别。

（1）一般男性眉毛较为浓密，女性的眉毛较为淡细。

（2）从正面观察，眉毛的形态有直线形、弓形、波浪形和弯折形等。

（3）按眉头到眉尾的距离，可分为长形眉、中等眉和短形眉。

（4）按眉毛的上下缘距，可分为高眉、中等眉和低眉。

（5）按眉和眼裂的水平关系，可分为平行、内倾斜和外倾斜。

（6）眉毛上扬或一只眉毛微微往上一挑，表示询问和怀疑，也表示心情兴奋。

7. 眼睛的识别

（1）一般成年男性的上眼眶比较突出，女性和儿童比较平缓。

（2）眼睑一般分为单眼睑、双眼睑和多眼睑皱褶。

（3）在皮下组织的制约下，眼裂的开启呈现出圆形、三角形、菱形、方形、椭圆形和线形等不同的形状。

（4）根据眼内角与眼外角的位置高低，一般可分为眼角上斜、眼角水平和眼角下斜三类。

（5）眼球为一玻璃体，置于眼眶内。眼球在外形上，可分为突出形和凹陷形。

（6）眼睛张大表示惊疑、欣喜或恐惧。

8. 鼻子的识别

（1）鼻子的构造。鼻子是由鼻形基础、软骨和软组织组成。鼻形特点一般从鼻根、鼻梁、鼻翼、鼻孔等方面去观察。

（2）鼻根高度。鼻根高度指鼻根在两眼内角连线上的垂直高度，一般分为低鼻根、中等鼻根和高鼻根三类。

（3）鼻梁长度。鼻梁长度是指鼻根至鼻底的长度距离，一般分为长鼻、中等鼻和短鼻三类。

（4）鼻梁高度。鼻梁高度一般分为凹形、直线形、凸形和凹曲形。

（5）鼻翼宽度。根据两翼间距，鼻翼宽度一般分为窄小形、中间形和宽大形。

（6）鼻尖。从正面看，鼻尖可分为尖小形、中间形和圆钝形。从侧面看，鼻尖可分为上翘形、水平形和下垂形。

（7）鼻子的“表情”。虽然鼻子很少有“表情”，但盘问时，若对方轻轻触摸鼻子，可能是说谎的表现。一般愤怒时，鼻孔会张大，感情表达得更为强烈。

9．牙齿特征的识别

牙齿位于口腔之内，在人生长发育过程中，遗传、病变、营养不良、口腔不良习惯以及其他因素，均可导致牙齿排列不齐、牙弓异常、颌骨变异以及牙颌与颅面关系的不协调。

10．嘴的识别

（1）嘴的构造。嘴是由上下唇和口角组成。

（2）唇高是指从鼻底至上唇缘的距离，一般可分为高唇、中等唇和低唇三类。

（3）唇厚是指从唇上下缘的厚度，一般可分为厚唇、中等唇和薄唇三类。

（4）从两口角的长距，一般分为长唇、中等唇和短唇三类。

（5）从两口角的水平关系，一般分为上翘唇、水平唇和下垂唇三类。

（6）从侧面观察上唇皮肤部位置，可分为凸唇、平唇和缩唇三类。

（7）嘴的“表情”。嘴的“表情”是通过口形变化来体现的，鄙视时嘴巴一撇，生气时嘴角紧抿，惊愕时张口结舌，忍耐时紧咬下唇，微笑时嘴角上翘，而气急时嘴唇发抖、发紫等。

11．耳朵的识别

（1）耳的全形称为耳廓，每个人的耳廓都有一定的特征。

（2）耳形一般可分为三角形、椭圆形、长方形和圆形。

（3）耳屏形状可分为尖形、圆形和分叉形。

（4）耳垂形状可分为三角形、方形和圆形。

12．脸部的表情识别

科学家早就发现人类脸部会透露出“微表情”，而当事人自己没有感觉。在各种“微表情”之中，“说谎”的表情特别容易被辨识，人的脸上不只“藏不住秘密”，更藏不住“谎言”。人们通过表情把内心感受表达给对方，在人们不同的表情里，脸部会

“泄露”出内心的信息。

人类主要拥有七种表情，每种表情都表达不同的意思。

（1）高兴。人们高兴时的面部动作包括：嘴角翘起，面颊上抬起皱，眼睑收缩，眼睛尾部会形成“鱼尾纹”。

（2）伤心。伤心的面部表情包括：眯眼，眉毛收紧，嘴角下拉，下巴抬起或收紧。

（3）害怕。害怕时，嘴巴和眼睛张开，眉毛上扬，鼻孔张大。

（4）愤怒。眉毛下垂，前额紧皱，眼睑和嘴唇紧张。

（5）厌恶。厌恶的表情包括：嗤鼻，上嘴唇上抬，眉毛下垂，眯眼。

（6）惊讶。惊讶时，下颚下垂，嘴唇和嘴巴放松，眼睛张大，眼睑和眉毛微抬。

（7）轻蔑。轻蔑的显著特征就是嘴角一侧抬起，作讥笑或得意笑状。

面部的变化，如笑、皱眉、发怒等，能迅速地提供很多的信息，由此保安员能很明显地了解人们当时的心情、意图。

保安员要和各种各样的人打交道，面对非常复杂的人群，要求保安员练就一双慧眼，能够准确地读懂他人的内心，从一闪而过的表情信号里发现有价值的信息，从而作出准确的判断。

2.2.5 体态特征识别

1. 体形特征

体形是指人体的外形特征与体格类型，因性别而有差异，随年龄增长而变化。根据人体外表的线条轮廓及其尺寸比例进行分类，人的体形分为瘦长形、中间形、强壮形和肥胖形。

（1）H形。筒形，一般称为“水桶形”，多为中青年胖男人。

（2）I形。杆形，一般称为“电线杆形”，多为中青年男女。

（3）Y形。健美形，在肌肉发达的青年男女、运动员中较多见。

（4）S形。身材苗条、窈窕的女性。

（5）D形。老年臃肿、身材偏胖的男性。

（6）B形。中老年偏胖女性。

肥胖主要分为“苹果形”肥胖和“梨形”肥胖两种类型。“苹果形”肥胖主要是指腹部肥胖，而“梨形”肥胖主要指臀部肥胖。

2. 身体易藏部位

在以上体形的人中，“I”形、“S”形人身上易藏东西的部位多，应作为重点检查对象。研究体形的目的是了解身体易藏部位。

（1）腋下、裆部、腿内外侧、腰部、妇女胸部是易藏部位，但如果衣服很紧（如健美裤、三点式、牛仔裤、超短裙或紧腰带等），就无法隐藏。特别是夏天，人们衣着单薄、裸露，检查起来很容易。保安员要做到看一眼就能判断人体体形特征，分析出犯罪嫌疑人可能隐藏违禁品的部位，结合其衣着，有重点、有针对性地检查，避免机械地使用一个模式检查，既烦琐又少有成效。

（2）戴帽者一般北方较多，南方较少。棒球帽、有孔凉帽不易藏物品，而冬季戴的防寒帽则可以隐藏物品。

（3）拖鞋、凉鞋不易藏物品，旅游鞋、高跟皮鞋、马靴等容易隐藏物品。

3. 体姿

人体形态特征主要是指人体的体形、体姿、站立等特征。正面观察体姿，可分为肩宽形、中间形和臀宽形；侧面观察体姿，可分为背突形、中间形和腹突形。

4. 身高

一般来说，人的身高分为身高型（男 1.80 米、女 1.75 米以上）、中间形和低矮形（男 1.60 米、女 1.50 米以下）三类。

5. 手部

手部发颤是内心不安、吃惊的表现，主要观察因遗传、工作环境、生活条件、疾病等原因造成的多指、并指、断指、缺指等特征。

6. 上肢

上肢自然下垂，肘关节伸直，前臂旋后位时，上臂与前臂的外侧交角称为提携角。正常提携角角度为 170°，女性略小。小于此角度称为“肘外翻”，大于此角度称为“肘内翻”。

7. 下肢

下肢的观察主要是观察站立姿势和特殊体位时的下肢特征。从脚部姿势观察，人在正常站立时，两膝两脚皆能靠拢。由于遗传、环境、疾病等原因，一些人在站立时，脚部呈现出不同的姿势，主要表现为膝内翻、膝外翻和膝反张。

2.2.6 对生理缺陷、病变特征和特殊标记的识别

1. 生理缺陷、病变特征的识别

人体在生长发育过程中，由于某些生理上的发育缺陷，或疾病作用，或治疗的结果，身体外观上会留下特殊的永久性病理改变。这些特征性的缺陷和病变，可以作为

个人识别的重要依据。常见的生理缺陷和病理改变包括：

（1）跛脚，O形或X形腿。

（2）多指（趾）、断指（趾）。

（3）驼背、歪颈、兔唇、麻脸、秃顶。

（4）疤痕、疣、瘤等。

2. 个人特殊标记的识别

人体的皮肤表面有时会出现因色素沉着形成的斑、痣等，可以作为个人识别的重要依据。

（1）雀斑、红斑痣、老年斑，斑的范围较大，形状不规则。

（2）黑痣，痣一般呈圆点状，突出或不突出皮肤表面，有的长有长毛。

（3）胎记，大小形状不一。

（4）文身，是用针或其他锐器在皮肤上刺成的图案或文字。文身多刺在手臂、手背、大腿、前胸和后背等处，具有较明显的独特性和职业习惯性，经色素沉着后可终身保持。

2.2.7 对伪装精神病人员的识别

1. 不符合任何一种精神病的规律特征。没有前驱症状而突然发“病”，中止也很突然。根据场景需要，症状“应运而生”，当某种目的达到时，伪装消失。

2. 伪装症。观察其是否思路混乱，装聋卖傻，见到人傻笑。暗中观察，其会表现出正常人的特征。

3. 表演症。注意观察有无表演的痕迹。模仿此症病人，易受外界环境影响，常依次出现，逐日更换症状，哪种症状最像精神病便表演哪种，使别人相信其的确患有精神疾病，一段时期后，才逐渐固定于某一症状。

4. 模拟症。模拟精神分裂症患者，随地躺卧，做出各种奇怪的行为。如：在一段时间内表现得躁动不安，做出毁物、殴打人、自伤、随地便溺、胡乱涂抹大便等行为，对于污秽恶臭毫不在乎；满嘴唾液也不吐出；有选择性地遗忘犯罪前后的经历或与犯罪行为相关的事件，但对其他经历却不遗忘，装聋作哑，表演出一系列幼稚行为，模拟痴呆的种种表现等。

5. 拒绝症。拒绝饮食，滴水不进，但不能长久坚持，常有偷食情况。在别人注意或人多的场合表现得特别明显，在无人看到时则没有异常表现。

6. 木僵症。坚持不语，终日默不作声，对一切提问均不回答，漠然置之。

7．违拗症。模仿此症病人，令其向东，其却向西；让其张口，其却伸脖子；让其伸脚，其却举起双手等。

8．敏感症。对周围环境敏感，极力注意环境动静，情感反应灵敏。周围人员的一举一动都对其有影响，伪装者的心理特征决定了其不可能不关心周围环境变化，意志性掩盖难以完全实现。

9．伪装精神病者对各项精神检查常持对抗态度，有的拒绝检查和治疗，不愿住院。一旦被识破伪装，便会动怒，骂人、打人等。

2.2.8　对伪造证明的识别

当前，社会上各种伪造的假证明很多，伪造手法各种各样，常见的有以下几种：

1．褪色证明

褪色证明就是将写好的盖有公章的文件、证明，经过部分或全部褪色处理后，填写上伪造人需要的内容。其特点是：纸张表面的蜡质层被破坏，纸面无光泽，有的还留有水迹；被改动或重新填写的字笔画无力，有的原字迹未褪尽，仍有部分笔画残留等。这类证明在光线斜视或透视下，不难发现漏洞。

2．涂改证明

涂改证明就是将过期、失效或他人的证明，经过涂改变为己用的证明，其手法主要有改字、添字、减字、拼字、改名换姓、改换日期、改变内容等。识别方法是：由于改动、增添、减少、拼接的字体、字位与原字体、字位不协调，书写笔迹不同，往往出现许多破绽，甚至反常现象。

3．剪裁证明

剪裁证明的方法是：剪裁一张证明的一部分与另一张证明的一部分贴在一起或将证明的一部分剪裁掉补上一块白纸，在白纸上填入需要的内容。这类证明的特点是：证明带有被剪裁、拼接的痕迹；写字部分与盖章的部位不正常；对光照射可发现证明中的粘贴重叠线。

2.2.9　对伪造公章的识别

1．伪刻公章

一般可从以下几方面识别：

（1）看圆圈线及公章大小。中央到地方各级党政机关、人民团体、企事业单位及部队的公章大小规格、圆圈线的粗细、中心图案都有明确规定。保安员应熟悉这些规定，以便对照识别。

(2) 看字体。公章用字大多数为长方形古家体或仿宋体，正楷极少，无黑体字。如果发现异常字体、无笔锋、无刀锋、字体过大或过小、与公章大小不相称等疑点时，应予重点审查。

(3) 看间距。间距即字与字、字与中心图案的排列距离。如发现字与字之间稀密不均匀，字与圆圈线距离过窄或过宽，中心图案摆布过高或过低等情况，应注意重点审查。

(4) 看笔画。由于技术不熟，伪刻公章往往出现笔画不直不匀、过长过短，与字体不相称或无笔锋等情况。

(5) 看图案。主要看图徽、五星两边的横线是否清楚，位置、笔画粗细是否可信。

2. 针刺假公章

这种伪造公章一般是真公章脱刺下来的，其大小、字的排列与真公章相仿，粗看不易识别。但细看就可发现圆圈、图案、字的笔画都由稀密不均的细小点组成，边沿往往不整齐，没有笔锋和刀锋。针刺过密，蜡纸被刺破的地方，印出的印章出现颜色深浅不等的现象。

3. 钢板倒制的假公章

多用真公章脱画或用毛笔写好底样，再用钢板、铁笔将蜡纸划下来。这种假公章与真公章相仿。但细看可发现其有比较整齐的由点状色组成的划线，笔画粗细不一，边沿不整齐，蜡纸刺破的地方，印泥有时成堆。

4. 手描假公章

手描假公章是用毛笔蘸印泥描画的假公章。其特点是颜色均匀鲜艳，类似套色印刷公章。但由于出自手工描画，字体排列不整齐，字间距离不一致，字的大小不一致，字体走样严重，无笔锋、刀锋，类似毛笔正楷字。仔细查看，可发现笔画重复、颜色不一致等现象。

2.3 查问

查问是保安员在观察、发现、辨认、识别、确认可疑对象的基础上进行的一项审查活动。查问是进入实质性阶段的开始，是初步审查的过程。假使在一开始就发现实质性疑点，如对象的自行车被撬过，对象的体貌或汽车与通缉、通报的对象或被盗的汽车有相似的地方，可马上进行查问。如果尚未达到上述程度，则通过起问，掌握实质性疑点后，进入查问阶段。

2.3.1 查问的原则

保安员查问应当遵循以下原则：

1. 从重考虑原则

查问时，保安员要确保群众及自身的安全，应从重考虑嫌疑人的反抗趋势、反抗能力、反抗手段，增强防卫意识，做好防范准备，确保人民群众及保安员的安全。

2. 合法的原则

保安员要有“三种”巡逻理念，要树立法治观念和人权保障理念。

（1）法治观念。每次查问前，保安员首先要考虑自己的行为是否合法和合乎有关规定。

（2）人权保障观念。强化权利和保护意识，尊重人格尊严。

（3）应按查问的程序进行。查问是巡逻保安员与可疑人员面对面打交道的过程。保安员不要干涉或侵犯可疑人员的合法权益，不要有任何违反法纪的行为。

3. 合理的原则

应使对象对进行查问的根据感到合乎情理，得到其理解，并有礼在先，不失礼节。对没有发现问题的对象，及时放行，做到善始善终。对尚未肯定有违法犯罪行为者，应有所节制，留有余地，避免发生误会，防止矛盾激化和纠纷。

4. 怀疑的原则

在查问中，怀疑是发现问题的动力。对客观存在的差异和矛盾来说，需通过从怀疑入门，揭示事件真相。有疑点，就要抓住不放，仔细查问。

5. 距离的原则

保安员查问时，始终都要与可疑人员保持安全距离，即1.5～2米的安全距离，还要选择对自己有利的位置，后背应该是安全的。地点不要选在偏僻、黑暗或“四不靠”的地方，应选在有依托、离人或单位近的地方。

6. 两防的原则

保安员既要积极查问，又要慎重查验；既要防漏，又要防止错查验。

2.3.2 查问时机的选择

保安员恰当地选择查问时机，正确地选择盘查地点，采取灵活、有效的接近方式和方法，是保证查问任务顺利、有效、安全进行的重要因素和条件，也是保安员必须学会和掌握的。

保安员在执勤过程中，遇有违法犯罪嫌疑、需要进行查问时，首先应该根据犯罪嫌疑人当时的具体情况和环境等因素，确定接近查问对象的时机，选择有利的查问地点，研究确定接近查问对象的方式方法，力争主动，力避被动，做到有理、有利、恰到好处，使查问能够按照预定的程序、方法和步骤顺利地进行，以避免造成不必要的被动和损失。

1. 查问时机的选择

时机选择是否恰当，直接关系到查问的效果。选择时机应掌握好“火候”，出击过早，会因未抓住违法犯罪事实而功亏一篑；出击太晚，又会造成证据转移或可疑人员逃窜。选择查问出击时机，在对待一些时机稍纵即逝的违法犯罪行为时，显得尤为重要。

（1）相机决断。什么时候发现可疑情况，这是不以保安员的主观想法而改变的。一旦发现可疑目标，选择适当时机对可疑人员进行查问，全凭保安员自己相机决断。

（2）把握地点。保安员在巡逻过程中，遇有违法犯罪嫌疑需要进行查问的人，应选择适当的地点，使查问能按照预定的程序和步骤进行。这既有利于查问工作的顺利开展，也有利于保安员自身安全的防卫。

（3）欲擒故纵。保安员查问时既要考虑是否安全，又要考虑避免使公共利益和被害人权益遭受实际损害，也要考虑违法犯罪活动是否已经充分暴露。必要时，还可以根据现场环境和违法犯罪动向，巧妙运用欲擒故纵的策略，有意识放松一下，纵其继续活动，待其露出马脚再出击。

（4）灵活机动。选择查问时机要灵活机动。查问时机的选择，没有固定的模式。保安员只能根据可疑情况的自身特点及具体情况，如人数、性质、周围环境、地形特点等相关因素灵活确定，加以分析比较，找到最有利的时机出击查问，做到不迟不早、恰到好处。早了容易打草惊蛇，犯罪活动没有充分暴露，不能获得足够的犯罪证据；迟了可能使犯罪嫌疑人跑掉，或形成严重犯罪事实，给人民生命和财产等造成重大损失。因此，选择查问时机，必须因事而异，因情而异，相机出击。当然，这种分析判断应建立在较丰富的工作经验之上，这是恰当选择时机的重要保障。

2．查问的要求

一般情况下，选择查问应把握以下四个原则：

（1）当犯罪嫌疑人的违法犯罪活动已经充分暴露，已无必要继续拖延时，应进行查问。

（2）有迹象表明犯罪嫌疑人是在焦急等待同伙人来接应，或准备逃跑时，应进行查问。犯罪嫌疑人如惊弓之鸟，东张西望时，应进行查问。

（3）查问应赶在犯罪嫌疑人重大犯罪活动形成事实之前，避免使公共利益和人民的生命、权益受到实际重大损害。如行凶杀人、投毒、放火、爆炸、破坏等。

（4）违法犯罪活动是否已充分暴露，是否获得犯罪嫌疑人的犯罪证据，是查问时需考量的因素。在没有获得违法犯罪证据时，可以根据现场环境情况，运用欲擒故纵等策略和手段控制。

2.3.3 查问地点的选择

1．宜宽不宜窄

狭窄处查问回旋余地小、危险性大。宽敞地带视野开阔，便于查控。查问地点应选择在视野比较开阔的地方，便于观察周围情况及变化，防止其同伙袭击或接应。选择查问地点时，要尽量避开丛林地、高苗地和居民区，这些地方便于犯罪嫌疑人逃跑和藏匿，不便控制违法犯罪人员。同时，还应选择便于控制犯罪嫌疑人的地方，一旦其逃跑，便于观察、跟踪追踪和缉捕。

2．宜明不宜暗

不宜在黑暗处工作。应尽量选择在光线条件较好的明亮地点，这样便于盘问和检查，同时还能够看清犯罪嫌疑人的形态、面部表情变化及各种反常情况，防止其行凶或逃跑，以便灵活地处置各种情况。

3．宜直不宜弯

宜选择有依托的地点，这样便于观察，便于应付和处置各种意外情况。不宜在拐弯、四下无靠、四面无援的地点查问。

4．宜静不宜闹

尽量避开人群，缩小影响，防止事态扩大。查问地点，应尽量选择较安静处，闹市区可能因群众围观、起哄而影响查问，而且容易发生意外情况，造成不良影响和后果。

根据上述原则，查问地点应由保安员主动选择。只要条件允许，保安员发现可疑情况后，周围环境不宜进行查问的，可尾随一段，待处于较为适宜的地点时再行出击查问。但如出现时机恰当、地点不太理想时，应以把握时机为主、选择地点为辅的原则先行出击，再将可疑人员带至适当地点查问，甚至可以将一些重大嫌疑对象带离，移交治安室或附近公安岗亭、派出所进行查问。

2.3.4 接近犯罪嫌疑人的方法

接近犯罪嫌疑人的方法多种多样，究竟采用何种方法更恰当、更适宜，必须根据可疑情况的性质、犯罪嫌疑人的特点、周围环境、地形以及时间等相关因素来确定，采取有针对性的、灵活机动的有效接近方法，防止打草惊蛇，使犯罪嫌疑人逃跑、藏匿、毁灭罪证或行凶、自杀等。在日常工作中，保安员要学会和掌握根据可疑情况的具体特点来确定适宜而巧妙的接近方法。

1. 接近的方式

（1）正面接近。当犯罪嫌疑人人数较少、年龄较大、携物较多、行动不便，或尚未发现保安员、毫无逃跑等迹象时，可采取正面接近，迅速及时地接近犯罪嫌疑人，使其受到震撼、感到害怕，措手不及而束手就擒。

（2）背面接近。对比较有威胁性的可疑人，可迎面走过，然后回身接近。当犯罪嫌疑人迎面走来时，保安员最好不动声色，让其经过，以便有更多的时间去观察和计划，然后再转身拦住犯罪嫌疑人进行查问，这会令其感到意外，而使保安员稳占心理优势。

（3）迂回接近。当犯罪嫌疑人人数较多、年轻力壮、手中可能持有凶器、东张西望、有逃跑企图时，保安员可采取正面牵制、侧后迂回，左右两侧迂回包围的方法，秘密、隐蔽地接近，突然袭击，四面包围，防止漏网。

（4）伪装接近。当犯罪嫌疑人处在人群聚集的场所，如夹杂在闹市区人流中，或乘坐飞机、汽车、轮船等交通工具时，或在电影院、会场等场所，不便保安员采取公开行动时，为防止犯罪嫌疑人乘机作乱，或混杂在人流中潜逃，或穷凶极恶地挟持人质、杀害无辜等，保安员可穿便衣，伪装成普通群众，秘密接近，待时机成熟时，将其扭获。

2. 接近时注意的问题

（1）注意查清对方人数。若疑犯人数较多或危险程度较大时，应当暗中跟踪监视，并请求支援。

（2）发现重大犯罪嫌疑人和暴力性犯罪嫌疑人时，千万不要急于拦住，应先报告要求支援。

（3）判明所处的场所、位置、环境对查问是否有利。通常情况下，选择人少、合适的地方。

（4）接近时应保持高度警惕，随时随地注意自身安全。

（5）在任何时候都要保持有礼貌及坚定的态度接近查问对象。保安员有理由怀疑时，可以用合法权利去接近查问。而在法律面前，所有人都是平等的。所以，要以友善、不经意但迅速的态度进行一些简单问题的查问。

（6）公开身份。查问是保安员公开的执法活动，在查问开始前，首先必须依法公开自己的保安员身份，表明自己在依法执行公务。同时告知对方有义务配合保安员执行公务。表达时的用语要规范。

（7）实施查问、查验。实施查问时，应尽量让被查问对象背对开阔街面或群众，让其无法准确判断周围形势，不能利用现场条件而有所图谋。如两人共同实施查问，应一人实施查问，另一人负责监视。监视时，要重点观察被查问人的双手动作和眼神，防止其反击或逃窜；同时还应注意观察周围人群中是否有其同伙，防止其同伙的突然袭击。

2.3.5 截停

1. 截停时机的选择

（1）当确认逃犯或通缉犯嫌疑，应立即报告。

（2）正实施违法犯罪行为的，应先控制。

（3）隐蔽性违法犯罪的，应贴靠抓现行。

（4）被绑架的人求救时，在报告的同时应寻找时机，巧妙周旋，防止受害人受到威胁或伤害。

（5）遇到重大交通、火灾事故时，迅速报告有关部门，疏散现场群众、车辆，注意保护现场，待有关部门到达后，移交其处理。

2. 截停站位的选择

在截停犯罪嫌疑人时，快速准确地找到最有利的位置。

（1）斜侧位置。不要直接面对可疑人，不要走入其能够踢到的距离内。

（2）后侧位置。在可疑人的后侧截停，千万不可背向被截停的可疑人，或让可疑人和其双手离开保安员的视线范围。

（3）前侧位置。不要站在几个被截停对象的中间截停查问，这样容易腹背受敌。

3. 截停时的注意事项

（1）时刻警惕，不能掉以轻心。

（2）应当迅速、果断、出其不意地向对方发出截停口令。

（3）向对方出示证件表明自己的身份。

（4）提防对方的同伙袭击。

（5）随时注意对方双手的放置位置与动态。

2.3.6 起问

查问一般可以分为四个步骤，即起问、查问、查验、处理。在正式进入查问之前，应在最短的时间内，从策略和技巧上做好准备：判断对象的特点和可能的问题。从对象的特点出发，想好起问的方式和问题。想好防范措施，防止对象的猛然攻击、逃跑、掏武器、毁弃证物等行为的发生。

对没有实质性疑点者，都应有一个初步起问的过程，而不是直截了当地开始查问，直奔主题。起问的形式有两种：

1. 一般性询问

不涉及疑点的一些问话如“需要帮忙吗?”“从哪儿来?”“干什么去?”“干什么工作的?”“家住哪里?”“多大年龄?”等，这些问话的目的是判断对象是否说了假话，有无更多的疑点。如某人自称从甲地（工作单位）去乙地（家），而其却出现在必经路程之外的丙地。

2. 交谈式询问

以关心、友好的形式进行攀谈，寻找其言行的疑点。例如，同怀疑对象交谈其住地、单位附近有什么特点，看对象是否了解，或就对象自称的工作性质谈一些问题，看其是否熟悉此种工作等。因为人们习惯谈论自己熟悉的话题，即三句话不离本行，对不熟悉的话题，三句话以外就可能露出破绽。

通过起问，能解除怀疑的，就没有必要再查问；若不能排除怀疑的，通过一般性询问、交谈发现新的疑点，特别是发现具有实质性疑点时，即可进入查问阶段。

2.3.7 查问

1. 查问的“十看、十对”要诀

（1）看证件，对姓名。

（2）看面貌，对年龄。

（3）看举止，对职业。

（4）看原籍，对口音。

（5）看言行，对学历。

（6）看穿着，对身份。

（7）看物品，对来由。

（8）看同伴，对关系。

（9）看去向，对方位。

（10）看神情，对心态。

2．查问的方法

查问的方法灵活多样，可采取下列方法：

（1）开口尊称。说明正在执行任务，请对方予以配合。查问应首先从了解对方身份、住址、职业等情况入手，从交谈中发现和澄清疑点，然后逐步过渡，查问其携带物品情况及感到可疑的行为、神情、事件、痕迹等情况，边发问，边查验。

（2）人包分离。查问时，若发现对方携有包、箱或其他物品，应让其将物品放下，离开一定距离，人、物分离之后，再实施查问。

（3）及时查问。询问可疑人是否了解自身携带物品，判定其是否违法犯罪。违法犯罪嫌疑对象往往来不及马上了解刚刚偷来的物品的内容、式样和性能。如保安员上前查问可疑人皮包内装着什么，可疑人支吾说不上来，因为这可能是其刚刚撬门入室偷出来的物品。

1）要令犯罪嫌疑人心理上失去平衡。任何人如果据实回答，是可以很快答出以上简单问题的；如果作假答案，到第三至四题时或突然发问一些回答过的问题时，其也许会开始口吃及做出紧张动作，如擦面、双手互握、冒汗及不敢看保安员等。这时就要问其为何说谎及有什么要隐藏。

2）要快速及连续谈话，不可间断问话。以上的问题只是其中的例子。查问与查验相互印证。

3）查问中，如发现回答前后矛盾、夹杂谎言、含糊其辞、有意答非所问、无法解释或闭口不予回答的情况，要进行仔细的追问。若反复追问后，仍不能查清疑点或越问疑点越多，应果断带回值班室继续查问。其用语为：“请拿着你的东西，跟我走一趟！请配合我们工作！”

4）查问中如发现查问对象确系文化程度低下，或因过度紧张不能清楚回答问题，或发生紧张性遗忘，或本身有聋、哑、弱智等表现，应及时调整查问语气，变换提问角度，缓解紧张气氛，逐步搞清情况。查问中疑点排除的，应及时致歉，发还证件，予以放行。

（4）引导自述。提出问题引导对方自述。尽可能使其多讲具体情节，有问题的人“言多必漏”。切忌保安员滔滔不绝，而可疑人沉默不语。

（5）揭露谎言。发现谎言，就可以攻破其防线。如询问可疑人“你来深圳是旅游吗?”对方答“是，这几天我在深圳和香港间飞来飞去”，显然这是在说谎，其对这一带地理位置不熟悉，因为深圳和香港近在咫尺。又如询问可疑人准备前往何处，对象回答拟搭乘6次列车离开北京，由于离京的列车都是单号，可见此人说的是假话。

（6）分开查问。凡遇见两人以上的可疑人时，要分开进行查问。保安员可以根据可疑人各自自述内容上的矛盾，扩大疑点，发现违法犯罪事实。

（7）先轻后重。对多人进行查问时，要选择较弱的为突破口。违法犯罪团伙中总是有主犯和从犯之别，也有罪行严重、拒不服法与罪行较轻之分。保安员查问多个可疑人时，必须判断谁是罪行较轻的从犯，并以此为突破口，分化瓦解违法犯罪团伙，使查问达到更好的效果。

（8）通信查证。要求可疑人提供证明，并及时通过通信手段与有关方面进行联系，辨别其真伪。

3. 重点查清的问题

（1）查清查问对象的身份。身份包括：姓名、年龄、地址和能确认身份的其他基本情况等。

（2）查清查问对象的携带物品。携带物品情况包括：物品种类、性质、数量、来源、用途等。

（3）查清同行人的关系。关系包括：夫妻、子女、同事、朋友等。

（4）查清可疑情况。可疑情况包括：可疑行为、事件、神情、痕迹、迹象等。

2.4 现场保护

2.4.1 现场保护概念

现场是指案件和事故发生地及与该案件、事故相关的一切场所。

现场保护是指案件发生后，及时采取保护措施，使现场保持发生时的原始状态，以便为现场勘查创造有利条件的工作。

实践表明，保护好现场有利于收集现场证据，有利于保守现场的秘密，有利于查明违法犯罪活动、事故发生的情况。

本节所述主要是指案件现场保护。需要保护的案件现场大多是刑事案件现场，也有少部分为治安案件现场。判断案件现场是否需要保护，一看现场损害后果是否严重，二看现场是否有与案件相关的物品与痕迹。刑事案件现场也称犯罪现场，是指犯罪嫌疑人实施犯罪活动的地点和遗留有与犯罪有关的痕迹和物品的一切场所。所谓犯罪的地点，主要是发生案件的地点。这些地点，是犯罪分子活动时间长、因果联系集中、留有痕迹物证最多的地方，是违法犯罪最主要的活动场所。所谓遗留有与违法犯罪有关的痕迹、物品的一切场所，是指除了犯罪分子实施违法犯罪的地点以外，还包括犯罪分子实施犯罪前预谋犯罪、准备犯罪工具、窥探踩点、出入现场路线和实施犯罪后收藏处理赃物罪证，或肢解、转移、掩埋尸体等一切场所。这些与实施犯罪相连贯的场所，反映出犯罪活动的不同侧面和发展过程，也是犯罪活动的重要现场。

保护现场人人有责。对于犯罪现场的保护，我国《刑事诉讼法》第一百零二条规定："任何单位和个人，都有义务保护犯罪现场，并且立即通知公安机关派员勘验。"这就是说，保护现场是法律赋予每个公民的义务。根据我国有关法律法规规定，在岗工作的保安员负有保护现场的职责。

2.4.2 现场保护任务

一旦闻悉案件发生，保安员应首先奔赴现场，查看案件是否确实有案件现场。如确实有，一方面立即报公安机关（110 电话），另一方面迅速采取有效措施，保护现场的现有状态。现场保护的具体任务是：

1. 核实情况，迅速上报

到达现场后，首先应当对有关案件的情况进行初步的询问和了解，其要点是：

（1）时间、地点、发生或发现的事件。

（2）发生或发现事件的简要经过和现场的梗概情况。

（3）犯罪嫌疑人的人数和特征，有无凶器和交通工具，逃跑的方向。

（4）经初步核查后，迅速向公安机关报告事主、被害人的基本情况，受到何种伤害及其程度或者被抢、被盗财物的基本情况。

2. 划定保护区的范围，布置警戒

根据犯罪现场的情况和周围环境划定保护区的范围，布置警戒，是保护现场的主要措施。范围的大小原则上应包括中心现场和外围现场。划定范围后应实行警戒，将现场封闭，不允许包括受害者及其亲属在内的任何人接近。保护现场的人员也不得无故进入，更不准擅自勘查，以免破坏犯罪嫌疑人遗留的痕迹和物品。

3. 针对现场情况，采取紧急措施

在保护现场的过程中，遇到某些紧急情况时，应积极采取紧急措施，减少公民生命财产的损失，保全人证、物证，迅速获取罪证材料。常见的紧急措施一般有以下四种：

（1）急救人命。遇有生命危险的被害人或犯罪嫌疑人时，应采取急救措施，并注意向被救护者了解与案件有关的情况。但在救治犯罪嫌疑人的过程中，要严密监视，防止发生意外。

（2）排除险情。对可能继续发生火情、爆炸的现场，应采取紧急措施，果断地切断险源，疏散群众，避免发生新的危害。对铁路轨道上发现的尸体，应将尸体撤离，迅速有效地排除隐患，防止险情扩大。

（3）排除交通障碍。对围观群众较为密集的现场，应采取措施，疏导群众，开辟、维护公安及救助车辆行驶通道，保证通道畅通。

（4）扭送和追缉人犯。在赶赴现场时，若遇到正在作案人或重大犯罪嫌疑人，有能力的应立即将其抓获，扭送公安机关；抓获条件不成熟的应设法控制，等待公安人员或其他增援人员到场合力抓获。若遇到作案分子刚刚逃离现场，一方面要警戒保护现场，另一方面应立即组织力量追捕和抓获作案人。

4. 收集对案件的反应，登记在场的证人

负责保护现场的人员应抓紧发案不久的有利时机，及时开展初步访问工作，掌握情况，及时向事主、发现人和现场周围群众了解案件发生、发现的经过以及收集群众对疑人疑事的议论等，并对现场的在场人员和车辆逐一登记，以便为现场调查工作打下基础。

5. 向民警报告发现案件的经过和保护现场的情况

民警到达现场后，现场保护人员应将发现案件的经过和保护现场的情况向民警报告。报告的要点是：

（1）案件发生、发现的时间，接受报案的时间，保护现场的时间，以及案件发生、发现的简要经过，保护现场人员的姓名、单位和职务。

（2）现场发生变动、变化的情况。

（3）事主、被害人、发现人、报案人的基本情况，了解犯罪案件有关人员的名单及群众对案件的议论、反应等情况。

2.4.3 现场保护方法

1. 室内现场保护方法

室内现场的保护，通常是把出事的房间和室外进出该房间的路线，以及可能遗留有犯罪痕迹、物品的场所一起封锁起来，布置警戒，或者绕以绳索，禁止一切无关人员入内。具体做法可根据犯罪现场的环境灵活掌握。如果现场在单独库房、房间，可在房门口布置人员看守。遇大风暴雨需封闭门窗时，应戴手套进行，注意不要破坏犯罪痕迹、物品，不能用手触摸或碰动门窗锁扣、门窗把手和门窗玻璃等。如果现场在二楼以上或多个房间时，可在一楼楼梯口或在二楼楼梯口设置障碍物，同时要布置人员警戒。在保护室内现场的同时，要注意发现违法犯罪嫌疑人来去现场的室外出入路线，发现违法犯罪嫌疑人来去途中遗留的痕迹和物品，并予以保护。

2. 室外现场保护方法

对室外现场的保护，通常是划出一定的范围布置警戒。范围的大小，原则上应包括犯罪分子作案的地点和犯罪分子可能遗留痕迹、物品的场所。一般来说，起初由于对现场情况不明，警戒范围可划得大一点，待民警到达现场后，根据具体情况和实际需要，再作适当调整。

范围划定后，即可采取保护措施进行保护。保护措施也要因地制宜，对于范围不大的室外现场，条件许可时，可在现场周围绕以绳索，防止人员闯入。范围较大的现场，可在通往现场的各个道口布置岗哨，防止无关人员进入。在交通要道上的现场，应配合公安人员指挥车辆、行人绕道而行。如确实无道可绕而来往车辆又特别频繁的，可将没有遗留痕迹的部分划出来，让车辆、行人通行。

3. 现场痕迹、物品保护方法

对现场痕迹、物证，保护人员一般不应触动。遇到某种紧急情况时，如急救人命、排除险情、抢救财物等，必须进入现场或者必须移动现场上的某些物品时，保护人员应当尽量避免踩踏现场的足迹和触摸现场的物品。对于行走路线上已发现的痕迹、物品，可用粉笔等就地画圈以作标记，以免他人不注意而受破坏。对于必须移动的物品，在拿取时应选择适当的部位，以免破坏原有的痕迹或留下保护人员自己的痕迹。对室外的痕迹、物品，有被自然、人为的因素破坏的可能时，应用盆、塑料布等进行遮盖，但忌用带有浓烈气味的器物遮盖，以免破坏嗅源，妨碍使用警犬追踪、鉴别。具体方法有：

（1）警戒法。警戒法是指不进入现场内部，而在现场周围设岗，警戒看守痕迹、物品的保护方法。具体做法包括：一是设置“人墙”，适用于现场秩序比较混乱的现场；二是设置障碍物，即用砖块等物将现场加以标记和隔离；三是划定警戒线，即用绳索、粉笔等标示现场位置。

（2）标记法。标记法是指在犯罪痕迹、物品周围用一些醒目的物品做标记，以提醒或告诫人们注意保护的一种方法。这种方法主要用于以下两种现场：

1）遇有某种紧急情况的室内、室外现场。

2）范围较大，痕迹、物品较分散，保护人员已经发现而随时有被人为因素变动的室外现场。

（3）遮盖法。遮盖法是指在犯罪痕迹、物品上用一定的物品进行遮盖保护的方法，这种方法主要适用于室外现场痕迹、物品的保护。

（4）转移法。转移法是指转移现场带有物证的物体，以适当方式保存、保护的一种方法。这种方法主要适用于两种现场：一是存在某种特殊紧急情况的室内现场，如放火案现场；二是地处特殊位置的室外现场，如案发在铁路或公路干路上的犯罪现场。

（5）提取法。提取法是指在保护现场过程中，用适当的方法将特定的痕迹物品进行提取的一种方法。这种方法适用于现场存在细小物品和贵重物品，如不提取就可能使其遭受变动、破坏的情况。

4．人体保护方法

如果人已死亡，对尸体的保护应尽量保持其原状以待勘查。当然保持原状不等于不采取保护措施，有时应根据天气情况、现场状况等采取适当的保护措施。可酌情采取以下几种方法：

（1）对于烈日暴晒或将受雨淋、雪盖的尸体，应用塑料布等不透风雨的材料遮盖，避免尸体和尸体上附着的血迹、毛发、精斑等散失或被污染。

（2）对于河中的尸体，一般不要打捞。但如果水流湍急，要设法固定，防止急流冲走；无法固定的，则打捞上岸并进行遮盖保护。在打捞尸体时，不要使用铁钩等硬物去打捞，以免形成新的损伤。

（3）对于火场中的尸体，有被火烧毁或被倒塌的砖石覆盖的危险的，应记明尸体的位置和姿势后，移出火场保存。如火已被扑灭，建筑物不会倒塌的，应就地保护，不要移动。

（4）对于悬挂的人体，有救活希望的，应用剪刀从被勒颈部的侧面剪断绳索，并将绳索保存好。如确已死亡，应维持原状。

本章测试题

一、判断题（将判断结果填入括号中。正确的填“√”，错误的填“×”）

1. 全方位观察法是指保安员在执勤过程中，对自己视听所及的范围进行全面的重点观察。（　）

2. 心理观察具体表现在嫌疑人随身携带的物品和藏匿的物品方面。（　）

3. 与身份证相貌、年龄、籍贯、口音等有明显差别的或不相符的人是可疑者。（　）

4. 保安员自己位于亮处时，易被对方发现，而不易发现对象。（　）

5. 辨认是利用识记过的通缉或协查对象，给自己留下的体貌形态特征，与相似或近似的通缉、协查对象的比较鉴别。（　）

6. 有人夜晚在银行、仓储、住宅和机关单位周边徘徊观望，应将其带离检查。（　）

7. 在问话时，如对方的眼神飘忽不定，说明其一定有所隐瞒。（　）

8. 潜逃犯由于精神处于高度紧张状态，彻夜不眠，眼睛发红，因此容易出现困倦、疲惫不堪的表情。（　）

9. 从对方谈话中使用的方言判断其大致生活或居住的地区，能有效地识别流窜犯罪或通缉在逃犯罪嫌疑人。（　）

10. 人的头形、面部形态是进行个人识别的关键。（　）

11. 在公共汽车站，扒窃人员往往在车门处使劲向上挤，但又不上车，有时卡在车门处不上不下。（　）

12. 在商场中不停地来回闲逛，四处看周围有无人员注意，这类人员是可疑人。（　）

13. 对进入居民区不按正常方法入室的人员，应仔细查问其究竟是从天窗、下水道还是翻墙进入的。（　）

14. 可疑人一般特征是：问话时搪塞，漏洞百出，行动诡秘，视线躲避保安员。（　）

15. 伪装精神病者对各项精神检查常持对抗态度，有的拒绝检查和治疗，但承认有病，不愿住院。（　）

16. 涂改证明识别方法是，由于改动、增添、减少、拼接的字体、字位与原字体、

字位不协调，书写笔迹不同，往往出现许多破绽甚至反常现象。（　　）

17. 将证明的一部分剪裁掉补上一块白纸，在白纸上填入需要的内容，是涂改证明。（　　）

18. 涂改证明的识别可能看间距，即字与字、字与中心图案的排列距离，看字与字之间是否稀密不均匀。（　　）

19. “挖补假票”，是指制假人员将失效车票的车站名、票价和日期挖割下，分类贴上长途站的地点、金额、时间、铺位等，再用电熨斗熨平。（　　）

20. 针刺过密，蜡纸被刺破的地方，印出的印章出现颜色深浅不等，不一定是针刺假公章。（　　）

21. 保安员巡逻时要有法治观念、人权保障观念和评估观念。（　　）

22. 查问是保安员在观察、识别、确认可疑对象的基础上进行的一项审查活动。（　　）

23. 没有取得犯罪嫌疑人的证据不能查问。（　　）

24. 保安员发现可疑情况后，周围环境为不宜进行查问的地点，也可进行查问。（　　）

25. 发现重大犯罪嫌疑人时，千万不要急于拦截，应先报告要求支援。（　　）

26. 保安员发现被绑架的人求救时，应立即报警，隐蔽等待增援。（　　）

27. 查问一般可以分为四个步骤，即起问、查问、查验、处理。（　　）

28. 保安员在查验居民身份证、工作证、介绍信时，要特别注意涂改的证件。（　　）

29. 有可能是犯罪工具和犯罪物证的，保安员均应收缴和搜身。（　　）

30. 保安员发现车上载有可疑物品、违禁物品或走私物品等，就要及时对车辆进行搜查。（　　）

31. 保安员接到报案，应先向上级部门报告并快速赶到现场，面对数个犯罪行为人时，应拉开距离，令其不准动，逐个控制，使其不能逃窜。（　　）

32. 当嫌疑车辆被拦截以后，必要时应收存其行驶证，以防其逃跑。（　　）

33. 保安员不得诱供或者以暴力、威胁引诱、欺骗等非法手段取得物证。（　　）

34. 保安员在巡逻查问中遭到突然袭击时，往往心理上产生高度紧张，此时，应抓住时机，猛烈反击。（　　）

35. 如果保安员已身负重伤，则应设法隐蔽，静卧不动，拖延时间，以求转机。（　　）

36．当保安员意识到被人袭击时，应向前主动出击，徒手夺取对方凶器。（　　）

37．保安员在遭到可疑人徒手袭击时，虽然自己携有保安棍，也不要随便使用。（　　）

38．保安员最先赶到现场，在民警未到或未经同意的情况下，不得对现场的痕迹、物体等用粉笔进行标记。（　　）

39．当将犯罪嫌疑人追进死角，其再无法逃跑时，应该果断擒获，扭送派出所。（　　）

40．无论犯罪嫌疑人多么老练，其也会因为危险的到来而心情紧张、激动，暴露出蛛丝马迹。（　　）

41．巡逻时发现车上有明显的拉断、撬压等痕迹的，应上前盘查。（　　）

42．当犯罪嫌疑人人数较少、年龄较大、携物较多、行动不便，或尚未发现保安员、毫无逃跑迹象时，可采取迂回接近的战术。（　　）

43．现场保护指案件发生后，及时采取保护措施，使现场保持发生时的原始状态，以便为现场勘查创造有利条件的工作。（　　）

44．判断案件现场是否需要保护，主要看现场损害后果是否严重。（　　）

45．现场保护的具体任务之一是：核实情况，迅速上报。（　　）

46．犯罪现场也称刑事案件现场。（　　）

47．现场保护是指案件发生后，及时采取保护措施，使现场保持发生时的真实状态，以便为现场勘查创造有利条件的工作。（　　）

48．一旦闻悉案件发生，首先奔赴现场，查看案件是否确实有案件现场。如确实有，一方面立即报公安机关，另一方面迅速采取有效措施，保护现场的现有状态。（　　）

49．保安员闻悉案件发生后，必须迅速赶赴现场。到达现场后，首先应当对有关案件被害人的社会交往人员情况进行初步的询问和了解。（　　）

50．到达治安突发事件现场后，保安员要能迅速判断事件的危险源头。（　　）

51．闻悉案件发生后，必须迅速赶赴现场。经初步核查后，迅速向公安机关报告事主、被害人的基本情况，受到何种伤害及其程度或者被抢、被盗财物的基本情况。（　　）

52．布置警戒范围的大小，原则上应该是中心现场、外围现场及其周边区域。（　　）

53．保安员划定范围后应实行警戒，将现场封闭，除受害者亲属、急救人员外，

不允许任何人接近。（ ）

54．保安员在保护现场的过程中，应注意收集现场事主、发现人和现场周围群众的反应情况。（ ）

55．负责保护现场的保安员应抓紧发案不久的有利时机，对现场的在场人员和车辆逐一登记。（ ）

56．保安员在赶赴现场时，若遇到正在作案人或重大犯罪嫌疑人，应当奋不顾身地立即将其抓获，扭送公安机关。（ ）

57．现场保安员在民警到达现场后，必须向民警报告情况的要点。（ ）

58．保安员在保护室内现场的同时，要注意发现和保护违法犯罪分子来去途中遗留的痕迹和物品。（ ）

59．保安员保护室内现场，常用的封闭现场方法是布置警戒，绕以绳索，设置人墙。（ ）

60．保安员保护室内现场，通常是把出事的房间和室外进出该房间的路线，以及可能遗留有犯罪痕迹、物品的场所一起封锁起来。（ ）

61．室内现场的保护，通常是把出事的房间和室外进出该房间的路线，以及可能遗留有犯罪痕迹、物品的场所一起封锁起来，布置警戒，或者绕以绳索，禁止一切无关人员入内。（ ）

62．保安员划定范围后应实行警戒，将现场封闭，不允许与案件无关人员接近。

（ ）

63．保安员保护室外现场，一般来说，起初由于对现场情况不明，警戒范围不妨划得大一点。（ ）

64．保安员保护室外现场，警戒范围已经确定实施，任何情况下不得变更。

（ ）

65．保安员遇到某种紧急情况时，必须进入现场或者必须移动现场上的某些物品时，保安员应当尽可能减少踩踏现场上的足迹，尽量不要触摸现场上的物品。（ ）

66．现场保护中的转移法，主要适用于放火案现场或者发生在铁路、公路干路上的犯罪现场。（ ）

67．保安员在保护现场过程中，对于现场痕迹、物证，一律不得触动。（ ）

68．标记法是指在犯罪痕迹、物品周围用一些醒目的物品做标记，以提醒或告诫人们注意保护的一种方法。（ ）

69．如果人已死亡，对尸体的保护，应尽量保持其原状以待勘查，通常可不采取

保护措施。（　）

70. 现场保护是指对犯罪现场从案发到现场勘查开始前这一阶段的保护，是对发现的犯罪现场保持原始状态，防止遭受变动而采取的措施。（　）

71. 在凶杀现场有人受伤或者有生命危险的时候，不能因保护现场而不抢救生命，抢救受伤人员时，要特别注意受伤人员躺卧的位置、姿势和伤势情况。（　）

72. 对抢劫犯罪分子逃窜时掉落的东西，不要直接用手拿，必须用手套、布块或者塑料袋垫着才能拿起，并且尽量只拿捏物品的边缘。（　）

73. 对于不能制止火势蔓延的火场中的尸体，有可能被烧毁或被倒塌建筑物压坏时，应当设法将尸体移出火场，但是要记清现场变动情况及尸体姿势。（　）

74. 爆炸往往引起火灾，组织灭火和排除险情时，对现场的易燃易爆物品不要搬动转移。（　）

75. 发现汽车后备厢被撬、车窗被砸而失窃物品的，车主应当在警方到达现场之前，洗刷车辆，清理好散落的车窗玻璃碎片。（　）

76. 如果犯罪嫌疑人尚未逃离抢夺案件现场，赶到的保安员应当以不计任何个人得失的勇气实施抓捕。（　）

77. 伤害案件的现场秩序比较混乱，保安员首先应当通知交通警察到现场维持交通秩序，指挥疏导交通。（　）

78. 寻衅滋事是一种无理取闹、肆意挑衅、横行霸道、无故殴打他人的行为，保安员应当坚持正义，敢于与寻衅滋事人员做斗争，讲究处置策略是放弃制止违法犯罪的行为。（　）

二、单项选择题（选择一个正确的答案，将相应字母填入题内的括号中）

1. 保安员在巡逻时，应依据违法犯罪的时间规律进行（　）。

A. 重点观察法　B. 全方位观察法　C. 地点观察法　D. 时段观察法

2. 复杂公共场所因夜间光线暗淡、视野狭窄等因素，在涉及嫌疑人员多的情况下，采用（　）法，可防止犯罪嫌疑人从背后或侧翼偷袭。

A. 定位观察　B. 巡视观察　C. 定向观察　D. 专注观察

3. （　）是指保安员对犯罪嫌疑人的行为动作进行巡查的一种活动。

A. 心理观察　B. 意识反应　C. 行动方式　D. 行为观察

4. 对行为可疑者的观察，主要是观察其符合或相似于（　）特征的行为。

A. 心理　B. 行为

C. 一些违法犯罪活动　D. 品德

5. 对行为可疑者的观察，是指有从事违法犯罪活动的嫌疑，其行为举止有违背规律、违反常人的行为模式，即（　　）现象。

A. 行为　　B. 动作　　C. 反常　　D. 思维

6. 在意识的支配下可以进行伪装，但仍会不由自主地表现从而暴露，特别表现在（　　）。

A. 携带的物品上　　B. 姿态、手势及其面部表情上

C. 穿戴的衣服上　　D. 肩挎的包裹上

7. 保安员夜间用肉眼由（　　）观察，不易发现目标。

A. 高处向低处　　B. 低处向高处　　C. 内向外　　D. 外向里

8. 保安员夜间观察，（　　）的人员和物体易发现。

A. 无伪装　　B. 有伪装　　C. 小物体　　D. 模糊

9. 实施辨别、认定的基本条件是其（　　）特征。

A. 体貌　　B. 心理　　C. 行为　　D. 动作

10. 现场虽有可疑人，可能会进行伪装，但这种控制和支配是（　　）。

A. 无限的　　B. 有限的　　C. 可能的　　D. 可以办到的

11. 男性携带女性的拎包、背包，或随身携带有插片、螺丝刀等可疑物品系（　　）。

A. 携带的物品与其身份不相符　　B. 行为和周围环境的差异

C. 行为和身份的差异　　D. 穿着打扮不合时宜

12. 巡逻发现车上有明显的拉断、撬压等痕迹的，应上前（　　）。

A. 查问　　B. 盘查　　C. 审查　　D. 检查

13. 怀疑对方说谎，但又没有实质性的证据，可先缓和气氛，然后（　　），可发现线索。

A. 抓住疑点　　B. 突然发问　　C. 心态平和　　D. 情绪正常

14. 保安员从嫌疑人的神态上，可发现其对周围环境和人员特别警觉，极为（　　）。

A. 亢奋　　B. 木然　　C. 神情自然　　D. 敏感多疑

15. 保安员巡逻中应注意发现，流窜外逃或刚刚逃离现场的案犯，（　　）的心理更加突出。

A. 行动鬼祟　　B. 神情自然　　C. 轻松愉快　　D. 紧张、恐惧

16. 接受盘问时，手臂、腿发抖，额头出汗，脸色发白或泛红，是（　　）可疑

的表现。

A. 举止　　B. 身份　　C. 体貌　　D. 神态

17. 从对方谈话中使用的方言判断其大致生活或居住的地区，能有效地识别（　　）或通缉在逃犯罪嫌疑人。

A. 盗窃　　B. 抢夺　　C. 放火　　D. 流窜犯罪

18. 文身多刺在手臂、手背、大腿、前胸和（　　）等处。

A. 后背　　B. 脖颈　　C. 脚面　　D. 手心

19. 扒窃犯眼睛不断转动，两眼集中盯人们的衣兜、（　　），神情专一。

A. 包裹　　B. 脸颊　　C. 眼睛　　D. 手臂

20. 扒窃犯在动手作案时，可能经常使用除（　　）外的物品，遮住被窃对象的视线。

A. 胳膊　　B. 太阳镜　　C. 书报　　D. 提包

21. 乘小车进入小区者以各种理由急于离开警卫或（　　）的为可疑人。

A. 主动说话　　B. 停下观望　　C. 打听住址　　D. 躲避视线

22. 在商场中不停地来回闲逛，（　　）的为可疑人。

A. 有意躲避保安员视线　　B. 到处观望

C. 主动与保安员搭讪　　D. 拿相机拍照

23. 对进入居民区不按正常方法入室的人员，应（　　）其究竟是从天窗、下水道还是翻墙进入的。

A. 当场盘问　　B. 仔细查问　　C. 带回门卫询问　　D. 报“110”查清

24. 医院内可疑人一般特征是：问话时搪塞，漏洞百出，行动诡秘，（　　）。

A. 两眼发直　　B. 视线躲避　　C. 漫无目的　　D. 东张西望

25.（　　）的特征是受外界环境影响，常依次出现，逐日更换，选择哪种症状最像精神病，便表演哪种，使别人相信其真有病。

A. 模拟症　　B. 拒绝症　　C. 表演症　　D. 木僵症

26. 伪装者的（　　）决定了其不可能不关心周围环境变化，意志性掩盖难以完全实现。

A. 生理特征　　B. 心理特征　　C. 体貌特征　　D. 外表特征

27.（　　）的识别方法是，由于改动、增添、减少、拼接的字体、字位与原字体、字位不协调，书写笔迹不同，往往出现许多破绽甚至反常现象。

A. 剪裁证明　　B. 涂改证明　　C. 褪色证明　　D. 复印证明

28.（　　）的识别方法是，由于拼接的字体、字位与原字体、字位不协调，往往出现许多破绽，甚至反常现象。

A. 剪裁证明　　B. 涂改证明　　C. 褪色证明　　D. 复印证明

29. 剪裁证明的特点是，写字部分与盖章的部位不正常；对光照射可发现证明中的粘贴（　　）。

A. 书写笔迹　　B. 改换日期　　C. 重叠线　　D. 改名换姓笔迹

30. 将证明的一部分剪裁掉补上一块白纸，在白纸上填入需要的内容，是(　　)。

A. 剪裁证明　　B. 涂改证明　　C. 褪色证明　　D. 复印证明

31. 假票字体颜色（　　），没有立体感，纸张也不如真票有光泽和质感。

A. 较浅　　B. 较深　　C. 较黑　　D. 较红

32.（　　）即字与字、字与中心图案的排列距离，字与字之间稀密不均匀。

A. 看间距　　B. 看字体　　C. 看笔画　　D. 看图案

33. 用扫描至计算机，并通过高清晰度彩色打印机打印出来的假票，仿真度（　　）。

A. 较低　　B. 较高

C. 较差　　D. 以上选项均不正确

34. 用（　　）至计算机，并通过高清晰度彩色打印机打印出来的假票，仿真度较高。

A. 扫描　　B. 复印　　C. 拍照　　D. 描图

35. 识别公章上的图案，主要看图徽、五星两边的（　　）是否清楚，位置、笔画粗细是否恰当。

A. 刀锋　　B. 字体　　C. 横线　　D. 大小

36. 识别公章上的图案，主要看图徽、五星两边的横线是否清楚，位置、（　　）是否恰当。

A. 刀锋力度　　B. 笔画粗细　　C. 字体大小　　D. 图徽大小

37. 保安员巡逻时要有法治观念、人权保障观念和（　　）观念。

A. 评估　　B. 程序　　C. 距离　　D. 接近

38.（　　），应使对象对进行查问的根据感到合乎情理，得到理解，目的是避免发生误会，防止激化和纠纷。

A. 合理原则　　B. 怀疑的原则　　C. 距离的原则　　D. 两防的原则

39. 根据现场环境和违法犯罪动向，保安员经常采用“（　　）”战术方法，待其露出马脚再出击。

A．声东击西　　B．欲擒故纵　　C．敲山震虎　　D．引蛇出洞

40．根据现场环境和违法犯罪动向，保安员经常采用“欲擒故纵”战术方法，待其（　　）再出击。

A．自我放弃　　B．放松警惕　　C．露出马脚　　D．黔驴技穷

41．（　　）会造成证据转移或可疑人员逃窜。

A．查问太早　　B．跟踪　　C．盯梢　　D．查问太晚

42．如出现时机恰当、地点不太理想时，应以把握“（　　）”的原则。

A．主动出击　　B．时机为主，选择地点为辅

C．掌握地点　　D．合法

43．（　　）是指为便于工作，防止其行凶或逃跑，尽量选择在光线条件较好的地点。

A．宜直不宜弯　　B．宜静不宜闹　　C．宜宽不宜窄　　D．宜明不宜暗

44．当犯罪嫌疑人人数较少、年龄较大、携物较多、行动不便，或尚未发现保安员、毫无逃跑迹象时，可采取（　　）接近。

A．正面　　B．侧后　　C．后面　　D．迂回

45．当犯罪嫌疑人人数较多，且年轻力壮，手中可能持有凶器，有逃跑企图时，保安员可采取正面牵制，（　　）包围的方法接近。

A．突然袭击　　B．左、右两侧迂回　C．正面接近　　D．侧后

46．发现重大犯罪嫌疑人时，千万不要急于拦截，应（　　）。

A．左、右两侧迂回　　B．先报告要求支援

C．正面接近　　D．侧后迂回

47．保安员盘查可疑人时，经常采用的拦截方式是（　　）。

A．跟踪法　　B．包抄法　　C．迂回法　　D．正面法

48．保安员站在几个被拦截对象的（　　）进行查问最危险。

A．前面　　B．后面　　C．侧面　　D．中间

49．以关心、友好的形式进行攀谈，寻找其言行的疑点是（　　）起问。

A．询问　　B．一般性询问　　C．交谈式　　D．盘查

50．发现具有实质性疑点时，即可进入（　　）阶段。

A．截停　　B．查问　　C．盘问　　D．缉捕

51．保安员查问的“十看、十对”要诀中，以下（　　）的表述是错的。

A. 看证件，对姓名　　B. 看原籍，对口音

C. 看面貌，对关系　　D. 看物品，对来由

52. 人与证对照主要是对照证件照片形象与持证人是否相像或同一，或（　　）。

A. 证件内所载内容与持证人陈述是否一致

B. 证件规格与图像是否有疑

C. 观察特殊印记与暗记是否有疑

D. 证件质地是否有假

53. 若现场反复查问不能查清疑点或越问疑点越多，保安员应果断(　　)。

A. 带离　　B. 控制　　C. 搜身　　D. 报警

54. 保安员对嫌疑车辆进行查验时，应指令驾驶员（　　），车上其他人员下车集中后进行查验。

A. 熄火、下车　　B. 双手抱头　　C. 下车搜身　　D. 在驾驶室

55. 保安员查验物品所用的（　　），是以交流磁场的微小变化为根据，当遇有外界磁场干扰时，线圈发生感应，从而引起报警。

A. 手持金属探测器　　B. 炸弹检测器

C. 水下专用探测器　　D. X 射线

56. 保安员只要避开了（　　）次射击对我方形成的威胁，就有摆脱被动伺机反击的机会。

A. 第二　　B. 第三　　C. 第一　　D. 第四

57. 保安员接到报案快速赶到现场时，若面对数个犯罪行为人，应（　　），使其不能逃窜。

A. 逼近对象，令其不准动　　B. 拉开距离，令其不准动，逐个控制

C. 拉开距离，整体控制　　D. 令其面对、抱头、蹲下、不准动

58. 当嫌疑车辆被拦截以后，必要时应收存其（　　）以防逃跑。

A. 身份证　　B. 驾驶证　　C. 车钥匙　　D. 行驶证

59. 保安员在车上查可疑物，一般是采用翻动、抽查的方法，必要时也可采用（　　）的方法检查。

A. 全面检查　　B. 扣车带离　　C. 网上排查　　D. 全部卸车

60. 对群众举报或指认的可疑人，或实施现行违法犯罪行为的人员，保安员应（　　）并立即报警。

A. 先报告、后控制　　B. 先报警、后抓捕

C．先监视、控制住　　　　　　D．先监视、后支援

61．保安员不得诱供或者以暴力、威胁引诱、欺骗等非法手段取得（　　）。

A．证据　　B．赃物　　C．赃款　　D．物证

62．突遭袭击进行反击时，要运用（　　）技战术动作与袭击者周旋。

A．机智灵活　　B．寻找时机　　C．沉着冷静　　D．周密计划

63．遭到突然袭击时，要搞清嫌疑人数、袭击方式和自己的（　　），搞清情况才能采取有效的反击。

A．现实处境　　B．身体状况　　C．技术能力　　D．查技能力

64．遭到枪击时，应就近利用地形向（　　）处隐蔽或滚动，同时大声呼喊同伴。

A．低洼处　　B．灯箱后　　C．同伴处　　D．掩护物

65．保安员在保护各类案（事）件现场时，遇有违法犯罪人员抗拒、袭击时，保安员可根据实际情况需要使用（　　）。

A．保安棍　　B．对讲机　　C．录音笔　　D．警戒带

66．保安员遭到持械袭击时，要设法报告“（　　）”，或与就近警力取得联系。

A．119　　B．110　　C．120　　D．101

67．巡逻遭到徒手袭击，独自一人没有外援和反击工具时，可请求在场的群众报告“110”，尽快与上级或就近警力取得联系，（　　）犯罪团伙成员。

A．跟踪　　B．抓获　　C．拦截　　D．盘查

68．在没有反击条件的情况下，保安员可采用（　　）的方法。

A．以退为进　　B．伺机擒获　　C．机智周旋　　D．摆脱控制

69．若对方赤手空拳，对群众和自己人身构成威胁，只要对方人数单一，则应运用（　　）的技术强行制服案犯。

A．踢、打、摔、拿　　　　　　B．催泪瓦斯喷射

C．电警棍电击　　　　　　D．砖石、木棒

70．保安员迅速赶到出事现场的目的，是为了及时对案（事）件的现场（　　）。

A．疏散群众　　B．疏导车辆　　C．进行保护　　D．及时取证

71．保安员迅速赶赴现场能（　　）。

A．抓获犯罪嫌疑人　　　　　　B．尽快划线标记

C．了解调查案情　　　　　　D．协助侦破案件

72．在实行犯罪或者在犯罪后被发现的、通缉在案的、越狱逃跑的、（　　），任何公民都可以立即将其扭送公安机关。

A. 正在被追捕的　　B. 正在吸毒的
C. 打架斗殴的　　D. 贩卖淫秽书刊的

73. 当将罪犯追进死角，其再无法逃跑时，保安员应（　　）。

A. 手持保安棍看牢罪犯，等待支援　　B. 将其击倒在地
C. 果断擒获，扭送派出所　　D. 喝令其蹲下，等待支援

74.（　　）会造成证据转移或可疑人员逃离。

A. 查问太早　　B. 跟踪　　C. 盯梢　　D. 查问太晚

75. 遭到突然袭击时，要搞清（　　）和自己的现实处境，搞清情况才能采取有效的反击。

A. 嫌疑人数、袭击原因　　B. 嫌疑人数、袭击方式
C. 袭击目的、袭击对象　　D. 嫌疑人数、嫌疑人特征

76. 当犯罪嫌疑人人数较少，年龄较大，携物较多，行动不便，或尚未发现保安员，毫无逃跑迹象时，可采取（　　）战术。

A. 机智周旋　　B. 先报告要求支援
C. 左、右两侧迂回　　D. 以退为进

77. 保护好现场的作用不包括（　　）。

A. 有利于收集现场证据　　B. 有利于保守现场的秘密
C. 有利于制止违法犯罪活动　　D. 有利于查明案（事）件发生的情况

78. 犯罪的地点，主要指发生案件的地点。这些地点的特点不包括（　　）。

A. 犯罪分子活动时间长　　B. 犯罪分子活动时间比较短
C. 因果联系集中　　D. 留有痕迹物证最多

79. 判断案件现场是否需要保护，首先看现场是否有（　　），二看现场是否有与案件相关的物品与痕迹。

A. 人伤亡或被抢盗物品　　B. 损害后果
C. 重大经济价值　　D. 严重损害后果

80. 判断案件现场是否需要保护，一看现场损害后果是否严重，二看现场是否有（　　）。

A. 作案工具与痕迹　　B. 与案件相关的痕迹
C. 与案件相关的物品与痕迹　　D. 与案件相关的物品

81. 保安员到达现场后，应核实现场情况的要点不包括（　　）。

A. 时间、地点，发生或者发现的事件

B．发生或者发现事件的简要经过和现场的梗概情况

C．犯罪嫌疑人的人数和特征，有无凶器和交通工具，逃跑的方向

D．事主、被害人的基本情况，被抢、被盗财物的具体数额

82．关于犯罪的地点，下列说法不正确的是（　　）。

A．留有痕迹物证最多的地方　　B．初次发现的地方

C．因果联系集中的地方　　D．活动时间长的地方

83．关于犯罪现场概念，正确的表述是（　　）。

A．犯罪嫌疑人实施犯罪活动的地点

B．遗留有与犯罪有关的痕迹和物品的主要场所

C．犯罪嫌疑人实施犯罪活动的地点和遗留有与犯罪有关的痕迹和物品的主要场所

D．犯罪嫌疑人实施犯罪活动的地点和遗留有与犯罪有关的痕迹和物品的一切场所

84．现场保护是指案件发生后，及时采取保护措施，使现场保持发生时的原始状态，以便为（　　）创造有利条件。

A．现场侦察　　B．现场勘查　　C．现场访问　　D．现场实验

85．现场保护指案件发生后，及时采取保护措施，使现场保持发生时的（　　），以便为现场勘查创造有利条件。

A．原始状态　　B．原有状态　　C．记录状态　　D．静态状态

86．保安员闻悉案件发生后，必须迅速赶赴现场。到达现场经初步核查后，必须迅速向公安机关报告的内容是（　　）。

A．发案时间、地点、经过　　B．发现时间、地点、损害后果

C．发案时间、地点、损害后果　　D．嫌疑人特征

87．负责保护现场的人员应抓紧案发不久的有利时机，及时开展初步访问工作，掌握情况，及时要了解的情况不包括（　　），以便为现场调查工作打下基础。

A．向发现人了解案件发现的经过

B．向现场周围群众了解案件发现的经过

C．被害人被盗财物的具体损失情况

D．收集群众对疑人疑事的议论

88．到达治安突发事件现场后，保安员要（　　）。

A．向发现人了解案件发现的经过

B．向现场周围群众了解案件发现的经过

C．统计被害人被盗财物的具体损失情况

D．能迅速判断事件的危险源头

89．布置警戒范围的大小原则上应该是（　　）。

A．中心现场

B．外围现场

C．中心现场、外围现场及其周边区域

D．中心现场和外围现场

90．保安员划定范围后应实行警戒，将现场封闭，除（　　）外，不允许任何人接近。

A．警察、急救人员　　B．受害者、证人

C．受害者亲属、急救人员　　D．警察、现场保安员领导

91．保安员在保护现场的过程中，应注意收集现场（　　）的反应情况。

A．事主　　B．发现人

C．事主、发现人　　D．事主、发现人和现场周围群众

92．保安员在保护现场的过程中，应注意收集现场（　　）内容的反应情况。

A．案件发生、发现的经过及地区治安情况的议论

B．案件发生、发现的经过及疑人疑事的议论

C．案件发生、发现的经过及事主家庭情况的议论

D．案件发生、发现的经过及事主损害后果的议论

93．保安员在保护现场的过程中，遇到紧急情况时应积极采取紧急措施，但下列（　　）情况不属于紧急情况，无须采取紧急措施。

A．生命危险的犯罪嫌疑人　　B．围观群众较为密集致交通障碍

C．无生命体征的被害人　　D．刚刚逃离现场的犯罪嫌疑人

94．保安员在保护现场的过程中，遇到某些紧急情况时应积极采取紧急措施，以达到（　　）要求。

A．减少公民生命财产的损失，保全人证、物证，迅速获取罪证材料

B．挽回公民生命财产的损失，保全人证、物证，迅速获取罪证材料

C．减少公民生命财产的损失

D．保全人证、物证，迅速获取罪证材料

95．现场保安员在民警到达现场后，必须向民警报告情况的要点有（　　）。

A．案件发生、发现的时间

B．群众对案件的议论、反应

C. 保护现场的时间

D. 事主、被害人、发现人、报案人的基本情况

96. 保安员在保护室内现场的同时，要注意发现和保护违法犯罪分子（　　）。

A. 来去现场的室外出入通道

B. 来去途中遗留的痕迹和物品

C. 外围现场的血迹和赃物

D. 来去现场的室外出入路线、来去途中遗留的痕迹和物品

97. 保安员在保护室内现场的同时，要注意发现和保护的事项不包括（　　）。

A. 室内现场的脚印　　B. 来去途中遗留的痕迹和物品

C. 外围现场的血迹和赃物　　D. 来去现场的室外出入路线

98. 保安员保护室内现场，常用的封闭现场方法是（　　）。

A. 布置警戒　　B. 绕以绳索

C. 布置警戒，绕以绳索　　D. 布置警戒，绕以绳索，设置人墙

99. 保安员保护室内现场，常用的封闭现场方法不包括（　　）。

A. 布置警戒　B. 绕以绳索　C. 出入口布置岗哨　D. 设置人墙

100. 保安员保护室内现场，遇大风暴雨需封闭门窗时，不能用手触摸、碰动（　　）的说法不正确。

A. 门窗表面　B. 门窗把手　C. 门窗玻璃　D. 门窗锁扣

101. 室内现场的保护，通常是把出事的房间和室外进出该房间的路线，以及可能遗留有犯罪痕迹、物品的场所一起封锁起来，采取的措施中不包括（　　）。

A. 布置警戒　　B. 绕以绳索

C. 现场门口贴上封条　　D. 禁止一切无关人员入内

102.（　　）的保护，通常是把出事的房间和室外进出该房间的路线，以及可能遗留有犯罪痕迹、物品的场所一起封锁起来，布置警戒，或者绕以绳索，禁止一切无关人员入内。

A. 室外现场　B. 中心现场　C. 室内现场　D. 外围现场

103. 保安员保护室外现场，警戒范围已经确定实施，下列（　　）做法正确。

A. 任何情况下不得变更　　B. 现场保安员可予变更

C. 现场保卫组织领导可予变更　　D. 现场民警可予变更

104. 如果室外现场处于交通要道上，必须实施（　　）措施。

A. 车辆、行人绕道

B．车辆绕道

C．行人绕道

D．将没有痕迹的部分划出来，让车辆、行人通行

105．提取法是指在保护现场过程中，用适当的方法将特定的痕迹物品进行提取的一种方法。这种方法适用于现场（　　）。

A．室外痕迹　　B．室内物品

C．细小物品和贵重物品　　D．分布散乱的物品

106．保安员在保护现场过程中，对于现场物品，在（　　）情况下可以移动。

A．急救人命、排除险情、抢救财物　　B．急救人命、排除险情、事主要求

C．急救人命、排除险情　　D．急救人命、事主要求

107．保安员在保护现场过程中，对于现场物品，在（　　）情况下不可以移动。

A．急救人命　　B．排除险情　　C．抢救财物　　D．事主要求

108．保安员在保护现场过程中，对于必须移动的物品，在拿取时应选择（　　）部位，以免破坏原有的痕迹或留下自己的痕迹。

A．端头　　B．中间　　C．适当　　D．方便移动

109．遮盖法是指在犯罪痕迹、物品上用一定的物品进行遮盖保护的方法，这种方法主要适用于（　　）现场痕迹、物品的保护。

A．凶杀犯罪　　B．枪击犯罪　　C．室外　　D．室内

110．案发在铁路或公路干路上的犯罪现场，常用（　　）法保护现场。

A．提取　　B．转移　　C．遮盖　　D．警戒

111．保安员在保护现场过程中，对于悬挂的人体，有救活希望的，应该（　　）。

A．立即解开绳索

B．立即用剪刀从被勒颈部的侧面剪断绳索

C．立即用剪刀从被勒颈部的后面剪断绳索

D．立即用剪刀从被勒颈部的前面剪断绳索

112．保安员在保护现场过程中，对于烈日暴晒或将受雨淋、雪盖的尸体正确的保护方法是（　　）。

A．塑料布覆盖　　B．芦席覆盖　　C．棉布覆盖　　D．纸张覆盖

113．关于刑事犯罪现场保护作用，正确说法是（　　）。

A．现场保护的好坏间接影响现场勘查质量

B．现场破坏包括人为破坏和自然破坏，现场保护就是防止人为破坏

C. 遭受破坏的现场不会给勘查造成困难，不影响现场信息的获取

D. 如果没有现场保护的意识，很可能无意中对现场造成破坏

114. 保安员遇有杀人现场或接群众报案，必须迅速赶赴现场，属于正确的现场处置方法是（　　）。

A. 抓捕作案人，控制犯罪嫌疑人。如果已知作案人特征、姓名及逃跑路线时，要立即组织围观群众不惜一切代价查缉抓获犯罪嫌疑人

B. 保护好尸体和痕迹、物证。不让人进入现场，不要挪动尸体，不要擦拭血迹，不要为死者整理衣着

C. 抢救受伤人员。对受伤的凶杀犯罪嫌疑人，应当控制而不是抢救，要获取犯罪嫌疑人的口供

D. 收集对案件的反映，做好询问笔录。必须有两个保安员对知情群众、报案人、发现人进行询问，并且做好询问笔录，请被询问人签名

115. 保安员遇有抢劫现场或接群众报案，必须迅速赶赴现场，属于不正确的现场处置方法是（　　）。

A. 如果发现作案人尚未逃脱，应当立即抓捕并扭送公安机关，但要注意安全

B. 在抢救受伤人员的同时，可以了解有关作案人的基本情况和作案过程

C. 对室内的抢劫现场，主要封锁住进出口

D. 抢劫现场遗留的刀棍、纽扣、手帕、手套、纸片等物，不是重要的证据，可以不保护

116. 保安员遇有放火现场或接群众报案，应当迅速赶赴现场，属于正确的现场处置方法是（　　）。

A. 如果发现引火物，在条件许可时要抢救出来，为公安机关正确断定案情提供依据

B. 保安员组织群众扑救火灾，要贯彻“救物重于救人”的原则

C. 对于有可能被烧毁的火场中的尸体，不要移动尸体，保持原始状态

D. 如果在现场发现放火犯罪嫌疑人，应当立即抓捕并将其扭送当地公安机关

117. 一旦发生爆炸案件，保安员要立即赶赴现场紧急处置，属于不正确的处置方法是（　　）。

A. 现场处置过程中，尽可能维护现场原始状态，对变动部分做出标志和记录

B. 组织灭火和排除险情，对现场的易燃易爆物品要尽一切努力将其转移到安全地带

C. 想尽一切办法从被害人和见证人的口中了解有关犯罪嫌疑人的情况

D. 对受伤的受害人，要立即组织抢救；对受伤的犯罪嫌疑人要控制，不是抢救

118. 一旦发生爆炸案件，保安员要立即赶赴现场紧急处置，属于正确的处置方法是（　　）。

A. 对现场受害人受伤，要立即组织抢救；对受伤的犯罪嫌疑人要控制，不是抢救

B. 组织灭火和排除险情时，对现场的易燃易爆物品不要搬动转移

C. 对被害人和见证人进行询问，由两名保安员协同做好笔录，请被询问人签名

D. 现场处置过程中，尽可能维护现场原始状态，对变动部分做出标志和记录

119. 对于盗窃案件，特别是重大盗窃案件，不正确的现场保护方法是（　　）。

A. 爬越的窗口、打开的箱柜、抽屉等，都要保持原状，以免留下新的痕迹。

B. 如果一定要进入室内盗窃案现场，不能靠边边角角处走动，应当走中间

C. 对散落在地面的衣物、文件、纸张和作案工具等物品，一律不准接触和移动

D. 对于犯罪嫌疑人仍然躲藏在现场及现场周围的，实施进出口控制或全方位搜索

120. 对于盗窃案件，特别是重大盗窃案件，正确的现场保护方法是（　　）。

A. 汽车后备厢被撬、车窗被砸而失窃物品的，车主应当在警方到达现场之前，洗刷车辆，清理好散落的车窗玻璃碎片

B. 如果一定要进入室内盗窃案现场，不能靠边边角角处走动，应当走中间

C. 对散落在地面的衣物、文件、纸张和作案工具等物品，一律不准接触和移动

D. 发现被盗，应当全方位清点财物，确认被盗物品及价值

121. 保安员遇有抢夺现场或接群众报案，应当迅速赶赴现场，属于不正确处置方法的说法是（　　）。

A. 立即向“110”报警，向其他岗位保安员报警

B. 现场保安员可以征用交通工具迅速追缉，争取尽快抓获犯罪嫌疑人

C. 犯罪嫌疑人尚未逃离抢夺案件现场，保安员应当以不计任何个人得失的勇气实施抓捕

D. 了解被抢物品的数量、特征、暗记，便于协助警方及受害人控制犯罪嫌疑人

122. 保安员遇有抢夺现场或接群众报案，应当迅速赶赴现场，属于正确处置方法的说法是（　　）。

A. 不是向“110”报警，而是发动群众抓获现行抢夺犯罪嫌疑人

B. 犯罪嫌疑人尚未逃离现场，赶到的保安员应当在安全的条件下进行抓捕

C. 如果作案人尚未逃远，现场保安员不可以征用交通工具开展追缉

D. 保安员不能了解被抢物品的数量、特征、暗记，这是警方的工作

123. 保安员遇有伤害案件现场或接群众报案，应当迅速赶赴现场紧急处置，不正确的方法是（　　）。

A. 对于现场发现可能死亡的受伤者，维持现状不要抢救

B. 对于被害人的抢救治疗，要采取必要的安全措施，以防范案犯继续行凶

C. 对现场上遗留的血脚印、搏斗痕迹以及散落的伤害工具、物品加以妥善保护

D. 保安员应当积极维护现场秩序，疏导围观群众，指挥交通，以免发生意外事故

124. 保安员遇有伤害案件现场或接群众报案，应当迅速赶赴现场紧急处置，正确方法的是（　　）。

A. 对于现场发现的可能死亡的受伤者，维持现状不要抢救

B. 对于被害人的抢救治疗，要采取必要的安全措施，以防范案犯继续行凶

C. 清洗现场上遗留的血脚印、搏斗痕迹，保护散落的伤害工具、物品

D. 保安员首先应当通知交通警察到现场，维持交通秩序

125. 保安员遇有寻衅滋事的团伙作案现场，应当迅速赶赴处置，属于不正确方法的是（　　）。

A. 对正在结伙斗殴的流氓分子，命令其必须放下凶器，停止殴斗，并实施抓捕

B. 有群众遭到殴打，要采取措施，救护受伤群众并且保护其人身安全

C. 对没有殴斗起来的流氓分子要宣传劝导，强行驱散

D. 寻衅滋事分子将矛头指向保安员的，保安员要避其锋芒

126. 保安员遇有寻衅滋事的团伙作案现场，应当迅速赶赴处置，正确方法的是（　　）。

A. 保安员处理团伙性寻衅滋事行为，个人安全不会受到威胁

B. 对正在结伙斗殴的流氓分子，命令其必须放下凶器，停止殴斗，并实施抓捕

C. 对没有殴斗起来的流氓分子，不在保安管理范围之内，不要宣传劝导，不要强行驱散

D. 寻衅滋事分子将矛头指向保安的，保安员要避其锋芒

本章测试题答案

一、判断题

1. ×　2. ×　3. √　4. √　5. √　6. ×　7. √　8. √

9. √ 10. √ 11. √ 12. √ 13. √ 14. √ 15. √ 16. √
17. × 18. √ 19. √ 20. × 21. × 22. √ 23. × 24. ×
25. √ 26. × 27. √ 28. × 29. × 30. × 31. × 32. ×
33. × 34. × 35. √ 36. × 37. × 38. × 39. × 40. √
41. × 42. × 43. √ 44. × 45. √ 46. √ 47. × 48. √
49. × 50. × 51. √ 52. × 53. × 54. √ 55. √ 56. ×
57. × 58. × 59. × 60. √ 61. √ 62. × 63. √ 64. ×
65. × 66. × 67. × 68. √ 69. √ 70. √ 71. √ 72. √
73. √ 74. × 75. × 76. × 77. × 78. ×

二、单选题

1. D 2. B 3. D 4. C 5. C 6. B 7. A 8. A
9. A 10. B 11. A 12. A 13. B 14. D 15. D 16. A
17. D 18. A 19. A 20. B 21. D 22. A 23. B 24. B
25. C 26. B 27. B 28. A 29. C 30. A 31. A 32. A
33. B 34. A 35. C 36. B 37. B 38. A 39. B 40. C
41. D 42. A 43. D 44. A 45. B 46. B 47. C 48. D
49. C 50. B 51. C 52. A 53. A 54. A 55. A 56. C
57. B 58. C 59. D 60. C 61. A 62. A 63. A 64. D
65. A 66. B 67. A 68. A 69. A 70. C 71. A 72. A
73. C 74. D 75. B 76. A 77. C 78. B 79. D 80. C
81. D 82. B 83. D 84. B 85. A 86. B 87. C 88. D
89. D 90. A 91. D 92. B 93. C 94. A 95. A 96. D
97. C 98. C 99. D 100. A 101. C 102. C 103. D 104. D
105. C 106. A 107. D 108. C 109. C 110. B 111. B 112. C
113. D 114. B 115. D 116. A 117. D 118. D 119. B 120. C
121. C 122. B 123. A 124. B 125. A 126. D

第3章

保安员简易防卫术

3.1 简易防卫术概述

3.2 应对徒手袭击的自卫术

3.3 应对持械袭击的应急自卫术

3.4 应对突然持械袭击的空手自卫术

3.1 简易防卫术概述

3.1.1 简易防卫术的目标

简易防卫术适用于保安员上岗培训，主要有两大目标，一是易学易用，无基础的人员能够在短时间内学会；二是满足自卫，避免被人一推就倒，一拉就走，一打就伤。

3.1.2 简易防卫术的特点

1. 专注自己，柔性防卫

没有攻击性动作，采用以柔克刚的技法实现防卫，避免误伤。

2. 易学实用，短期掌握

以人体习惯动作为基础，降低学习难度，便于无基础的人员短期内掌握和运用。

3. 语言劝导，贯穿始终

在应用防卫技法的同时，必须同时用语言劝导袭击者，努力降低事件危害。

3.1.3 简易防卫术的原则

1. 动作防卫与语言劝导警告同步。
2. 应对徒手袭击时，应强调保持距离和防护要害结合，尽量不要攻击对方。
3. 应对持械袭击时，应强调保持距离和以物对械结合，尽量不要空手应对。

3.2　应对徒手袭击的自卫术

3.2.1　应对徒手袭击的策略

徒手袭击的危险度划分如下：

轻度袭击——谩骂、推搡等行为，致人伤害程度较轻。

中度袭击——猛推、拉扯、扇打等动作，没有致命危险，但是可能致人重伤。

重度袭击——使用拳、脚、膝、肘等击打性地击裆、太阳穴、后脑、胸口等处的动作，有致命危险。

1．应对轻度袭击的策略

语言劝导安抚为主，身体姿势为劝戒势，保持距离，骂不还口，绝不出手。

2．应对中度袭击的策略

劝导的同时适度大声警告，身体姿势转变为警示势，尽量保持距离，骂不还口。报警，往后退、闪避时可用拨、挡等纯自卫手法。

3．应对重度袭击的策略

大声警告其停止袭击，尽量保持距离，骂不还口，下蹲自保，当下蹲后，对方的袭击没有停止，可出手推离，报警。

3.2.2　应对中度袭击的自卫术

应对中度袭击的自卫术可以使保安员遇到推搡时能够及时化解危险，并继续坚守工作岗位。

1．防推搡

【动作名称】左右拨挡。

【动作应用】当对方用手推击我方肩胸部时，可用本式化解其推击，实现小力胜大力，使自己不被对方推开或推倒，并继续坚守工作岗位。

【动作顺序】以右手右脚在前为例说明。

【动作分解与要领】

（1）起始势：右劝戒势。

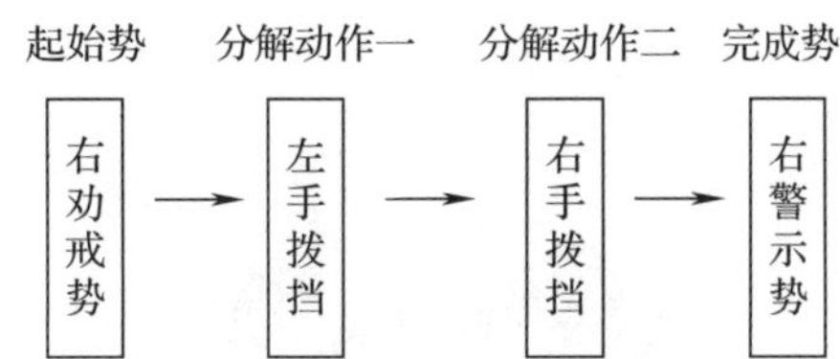

1）示意图：

2）要领：全身放松，掌心向下表示安抚之意，强调语言劝导安抚。

（2）分解动作一：左手拨挡

1）场景：当对方右手欲用力前推我方肩胸部时，我方做防卫动作。

2）示意图

①全景：

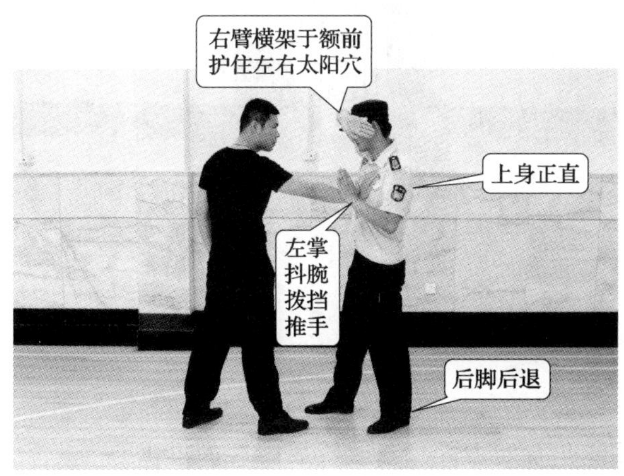

②近景：

3）要领：手腕抖动要轻巧、快速，以掌拨挡对方推击。

（3）分解动作二：右手拨挡。

1）场景：当对方右手被挡开后，又伸左手再欲前推我方肩胸部时，我方做防卫动作。

2）示意图

①全景：

②近景：

3）要领：手腕抖动要轻巧、快速，以掌拨挡对方推击。

重复以上动作就能化解对方连续对我方肩胸部的推击。

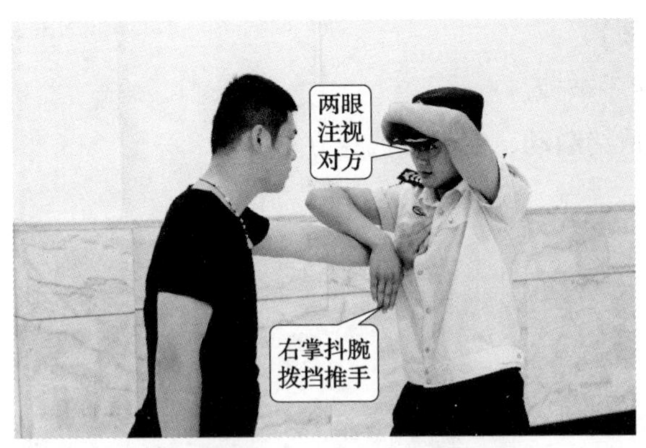

（4）完成势：摆脱对方推搡后，我方应保持警示势后退，并大声警告“请后退”。示意图：

2．防拉拽

防拉拽术可以使保安员摆脱袭击者的拉拽，防止被人一拉就走，使其能够坚守工作岗位。

【动作名称】伸屈解脱。

【动作应用】使用本法可以摆脱对方拉拽双手，保持身体平衡，继续坚守工作岗位。

【动作顺序】以右手右脚在前为例说明。

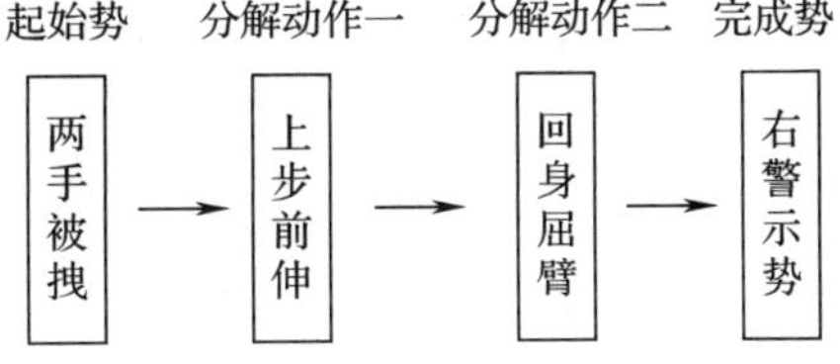

【动作分解与要领】

（1）起始势：两手被拽。

1）场景：对方情绪激动，突然拉拽我方双手。

2）示意图：

（2）分解动作一：上步前伸。

1）场景：当对方抓住我方的两臂并向后拉拽时，我方即做摆脱动作。

2）示意图：

3）要领：上步和手臂前伸要快速、协调，要顺着对方拉拽方向。

（3）分解动作二：回身屈臂。

1）时机：当对方愣神时，我方即做回收动作。

2）示意图：

3）要领：身体左转、左脚退步和屈臂回收要快速、协调。

（4）完成势：摆脱对方拉拽后即可后退，并还原警示势，并大声警告“请后退”。示意图：

3．防扇脸

【动作名称】护头护裆。

【动作应用】当袭击者欲扇脸、并拉拽衣领时，使用本法可以化解，免受伤害。

【动作顺序】以右手右脚在前为例说明。

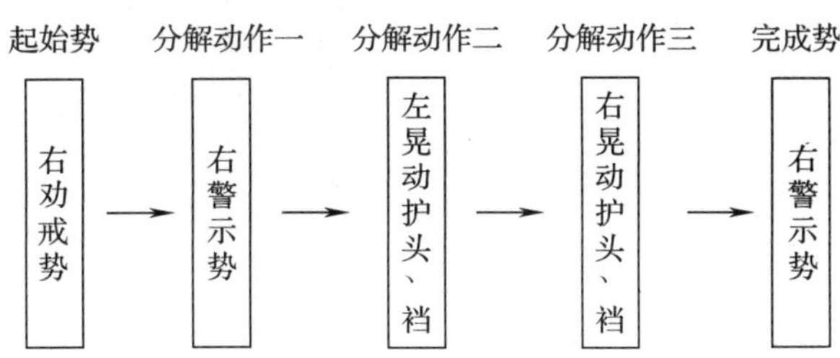

【动作分解与要领】

（1）起始势：右劝戒势。

1）场景：对方情绪激动，我方劝导。

2）示意图：

3）要领：全身放松，掌心向下表示安抚之意，强调语言劝导安抚。

（2）分解动作一：右警示势

1）场景：对方举手威胁，我方以警示势后退，并大声警告“请后退”。

2）示意图：

3）要领：后退要迅速，警告要大声。

（3）分解动作二：左晃动护头、裆。

1）时机：当对方上步抓住我方衣领，欲扇脸时，我方做防卫动作。

2）示意图

①全景：

②近景：

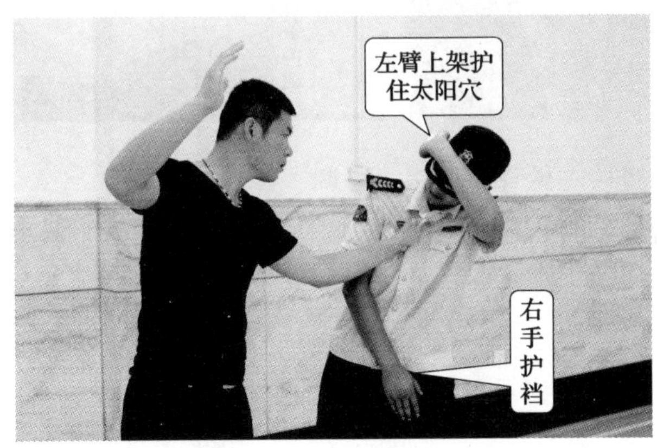

3）要领：抬手、护裆，晃身要快速、协调。

（4）分解动作三：右晃动护头、裆。

1）场景：接上一动作，我方做向右晃身动作，防卫对方的连续攻击。

2）示意图

①全景：

②近景：

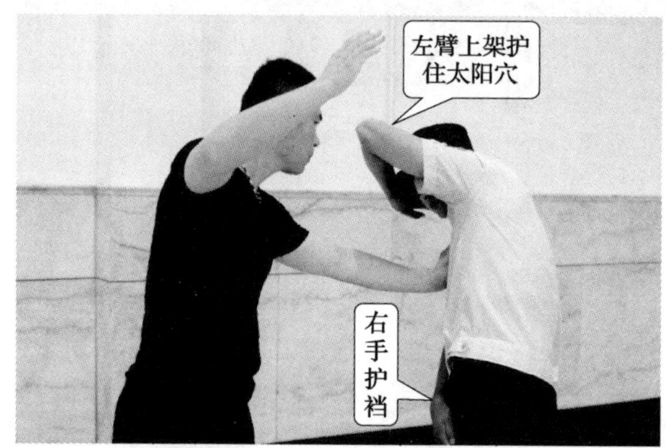

3）要领：右晃身接左晃身要快速、协调。

（5）完成势：防住对方袭击后，我方即快速后退，还原警示势，并大声警告“请后退”。

示意图：

4．防护委托人

【动作名称】警示阻挡。

【动作应用】当对方靠近委托人时，我方插入两者之间，用警示势面对对方，将委托人挡在身后，大声警告“请后退”。

【动作顺序】以右手右脚在前为例说明。

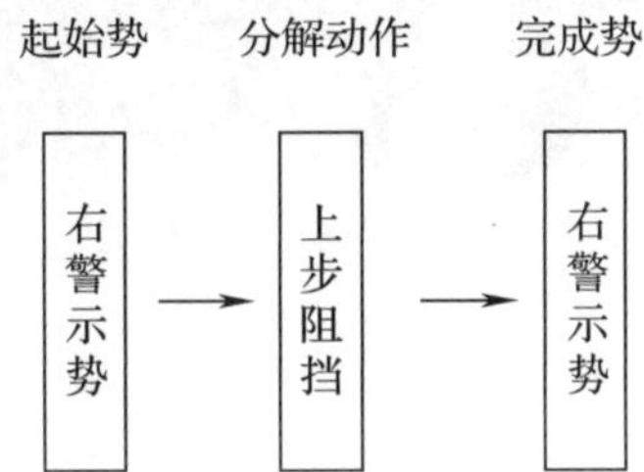

【动作分解与要领】

（1）起始势：右警示势。

1）场景：对方威胁委托人，我方以警示势警告。

2）示意图：

3）要领：全身放松，大声警告。

（2）分解动作：上步阻挡。

1）时机：当对方靠近委托人时，我方上步到两者之间。

2）示意图：

3）要领：抬手、上步要快速、协调。

（3）完成势：右警示势。

1）时机：移动到两者之间以后。

2）示意图：

3）要领：转身要快速、协调。

3.2.3 应对重度袭击的自卫术

拳脚击打属于重度袭击，应对时必须保护自身重要部位，免受重伤。同时首选后退；其次原地晃动后撤离；再次下蹲后撤离；最次卧倒。

1. 后撤

【应用说明】应对对方拳打脚踢，我方可连续撤步，以保持距离；同时两手护头、裆，保护要害。

【动作顺序】以右手右脚在前为例说明。

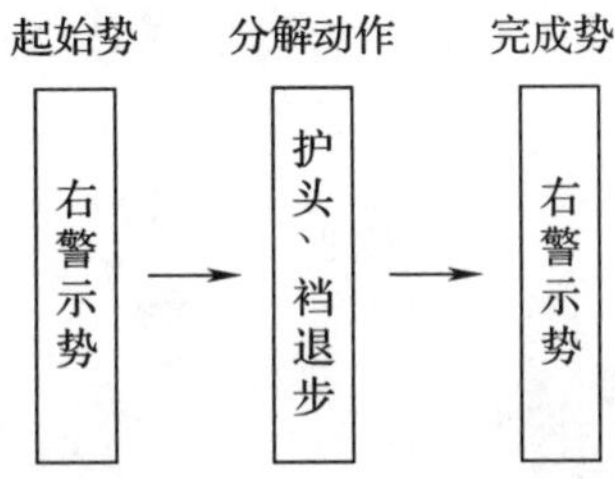

【动作分解与要领】

(1) 起始势：右警示势。

1) 场景：对方靠近，有动手袭击的意图。

2) 示意图：

3) 要领：全身放松，两手合“十”字形意在警示，大声警告“请后退”。

(2) 分解动作：护头、裆退步。

1) 场景：当对方开始出拳攻击时，我方应先以退步回避其气势。

2) 示意图：

3）要领：保持身体平衡，冷静观察。

（3）完成势：离开对方攻击范围后，我方应保持警示势，并大声警告“请后退”。

示意图：

2. 晃身

【应用说明】面对对方的拳打脚踢，如果我方来不及撤步保持距离，可在原地护头、裆，同时不断左右前后晃动上身，躲过开始阶段的击打。

【动作顺序】以右手右脚在前为例说明。

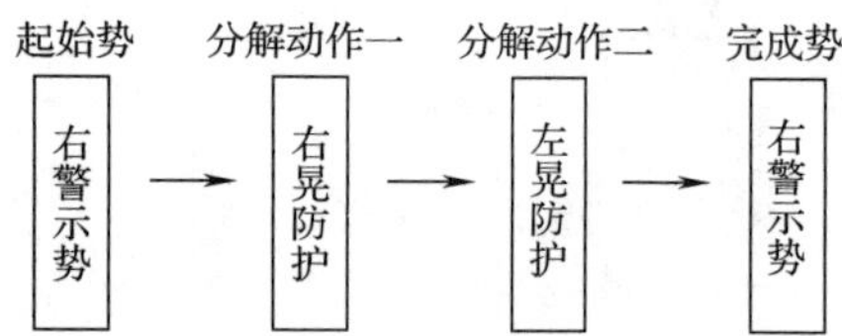

【动作分解与要领】

（1）起始势：右警示势。

1）场景：对方靠近，摆出袭击架势；我方大声警告“请后退”。

2）示意图：

3）要领：全身放松，警告要大声。

（2）分解动作一：右晃防护。

1）场景：当对方开始出拳脚攻击时，我方如果来不及后撤，则原地防卫。

2）示意图

①全景：

②近景：

3）要领：晃动时保持身体平衡，右移半步与晃动要协调，不要闭眼，寻找空隙后撤。

（3）分解动作二：左晃防护。

1）场景：当对方开始出拳脚攻击时，我方如果来不及后撤，则原地防卫。

2）示意图

①全景：

②近景：

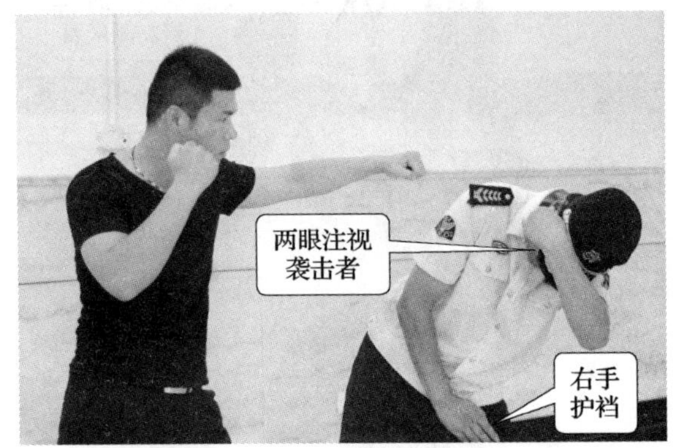

3）要领：晃动时保持身体平衡，不要闭眼，寻找攻击空隙后撤。

（4）完成势：当防住对方袭击后，我方应还原警示势，并大声警告“请后退”。示意图：

3. 下蹲

【应用说明】面对对方的拳打脚踢，如果我方来不及撤步保持距离，也可原地两手护头下蹲，同时大声呼喊救援。

【动作顺序】以右手右脚在前为例说明。

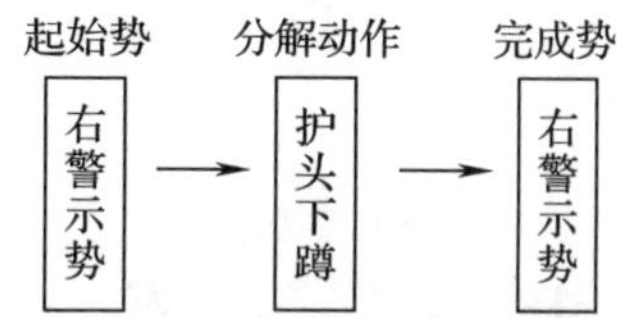

【动作分解与要领】

（1）起始势：右警示势。

1）场景：对方靠近，摆出袭击姿态，我方警示势应对。

2）示意图：

3）要领：全身放松，警告要大声。

（2）分解动作一：护头下蹲。

1）场景：当我方后退速度跟不上对方出拳速度时，可就地下蹲躲避。

2）示意图：

3）要领：上身下蹲时要保持身体平衡，两腿要并拢护裆。

（3）完成势：下蹲躲过袭击后，我方应立即后退，还原警示势，并大声警告“请后退”。

示意图：

4．卧倒

【应用说明】面对对方的拳打脚踢，如果我方来不及撤步保持距离，并被打中，或下蹲后被打中，应原地向后转体，两手护头卧倒，同时大声呼喊救援。

【动作顺序】以右手右脚在前为例说明。

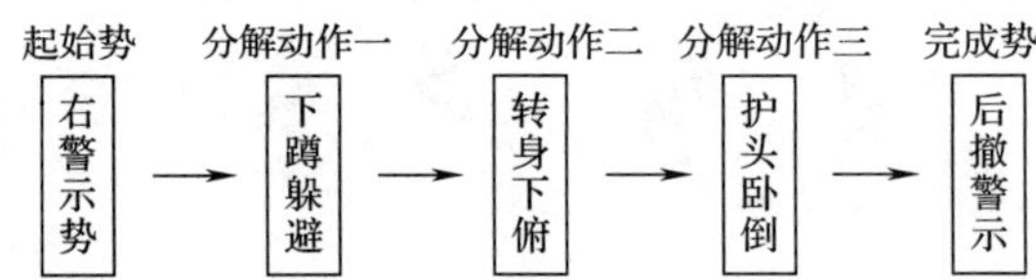

【动作分解与要领】

（1）起始势：右警示势。

1）场景：对方靠近，摆出袭击的姿势。

2）示意图：

3）要领：全身放松，警告要大声。

（2）分解动作一：下蹲躲避。

1）场景：当对方攻击速度快于我方退步速度时，我方立即下蹲躲避。

2）示意图：

3）要领：上身下蹲时要保持身体平衡，两腿要并拢护裆。

（3）分解动作二：转身下俯。

1）场景：当对方踢腿，而我方来不及后退时，我方立即转身下俯。

2）示意图：

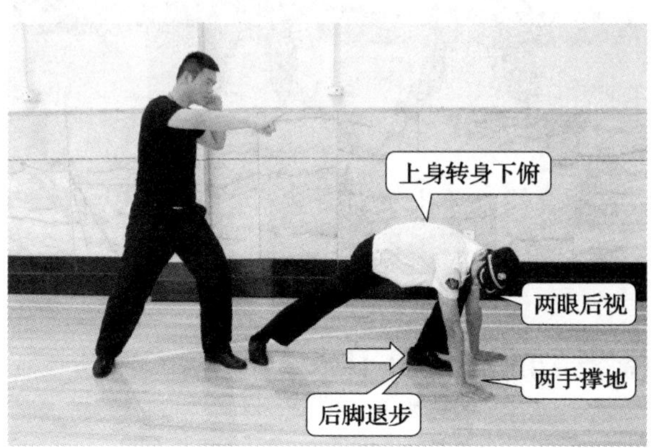

3）要领：后转时保持身体平衡，两臂撑地要与后转同步。

（4）分解动作三：护头卧倒。

1）场景：紧接上式，两手护头，全身卧倒。

2）示意图：

3）要领：左腿伸直、两肘撑地要协调同步。

（5）完成势：后撤警示。

1）场景：躲过袭击后，我方立即起身后撤，并以警示势大声警告“请后退”。

2）示意图：

3）要领：卧倒后起身要快，要出乎对方意料；警告要大声。

3.3 应对持械袭击的应急自卫术

面对有人持械袭击，保安员应及时闪避，与其保持安全距离，并就近使用物品抵御攻击。不到万不得已，不鼓励徒手与持械袭击者搏斗。

3.3.1 应对持械袭击的处置策略

保安员遇到持械袭击行为时，可按照如下原则和步骤处置。

1. 保持距离、边退边劝

在面对持械袭击者时，保安员按以下步骤处置：

以警示势后退，边退边注视对方动向，做好防卫准备；同时用语言劝导对方冷静；用余光寻找可用于防卫的物品，尽量不要空手面对持械袭击。

2. 以物对械、椅瓶扔物

不要空手应对持械袭击，提倡使用物品抵御持械袭击。保安员在选择物品自卫时，选择次序如下：

首选是椅子，其次是保温瓶、灭火器，紧急时也可以用桌面的小物件扔向袭击者，以延缓其速度。

3.3.2 使用椅子应对持械袭击的自卫术

椅子是保安员常用的物品，且兼备盾牌、短棍、叉子等功能，是对付持械袭击的有效武器。

持椅势——以右手为主力手为例，双手持椅的方法和身体姿势如下：

持椅自卫技法：

【动作名称】斜顶旋推。

【动作顺序】

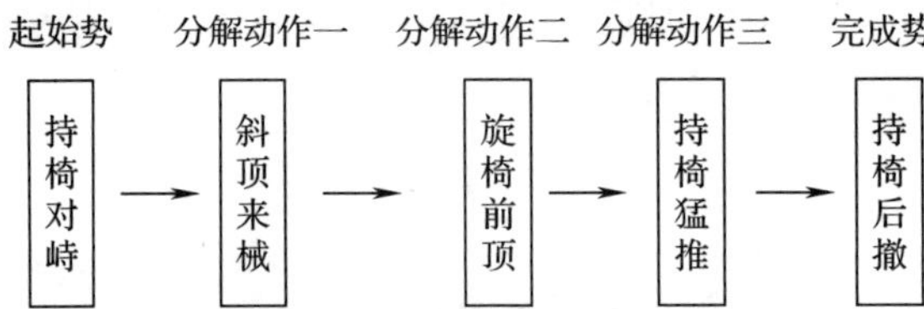

【动作分解与要领】

（1）起始势：持椅对峙。

1）场景：我方以持椅势对峙。

2）示意图：

（2）分解动作一：斜顶来械。

1）场景：当对方持械从正面劈、刺、扫攻击我方，即做防卫动作。

2）示意图

①全景：

②近景：

3）要领：椅座底面要与凶器成斜向，要向前顶撞凶器。

（3）分解动作二：旋椅前顶。

1）场景：持椅顶住了来袭凶器后，即左右旋转椅子向前顶撞，使对方不能连续攻击。

2）示意图

①左旋全景：

②左旋近景：

③右旋全景：

④右旋近景：

3）要领：要不停旋转椅子，以使椅座底面紧紧卡住对方的凶器。要不停向前顶撞，使其后仰，不让其站稳。前顶与旋转要协调一致，使其不能连续攻击。

（4）分解动作三：持椅猛推。

1）场景：当对方忙于从旋转的椅座中抽出凶器时，我方突然上步发力猛推。

2）示意图：

3）要领：发力时，手脚要协调。

（5）完成势：持椅后撤。

1）场景：当对方被推后忙于站稳时，我方即快速后撤，并大声警告其“后退”。

2）示意图：

3）要领：后撤要快，与前推衔接要紧凑。

3.3.3 使用其他日用品应对持械袭击的自卫术

在没有椅子等有效抵御武器或来不及后撤时，也可以使用其他物品回击持械袭击，主要有如下物品可以使用：烟灰缸、茶杯、笔筒等桌面摆设品。当面临袭击行为时，保安员可以将以上桌面摆设品扔向袭击者（头部或其他部位），迫使其做出防护动作，减缓其攻击速度。

保安员也可以用灭火器和保温瓶应对袭击，喷洒灭火液和热水，能有效抵御或减弱袭击。

3.4 应对突然持械袭击的空手自卫术

本技法可使保安员在遇到突然的持械袭击或闪避不及时，避免被伤害。

3.4.1 应对刺扫的自卫术

当持械袭击者以刺扫袭击时，可用以下技法应对。

【动作名称】下压横推。

【动作应用】当袭击者直刺或横扫胸腹时，可使用本法应对。由于对方持械手在我方手下方，所以采用下压并向侧方推开，使其不能伤害我方，然后回击与撤离。

【动作顺序】以右手右脚在前为例说明。

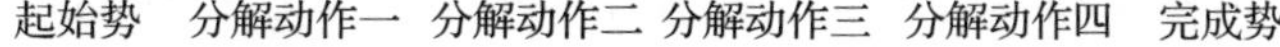

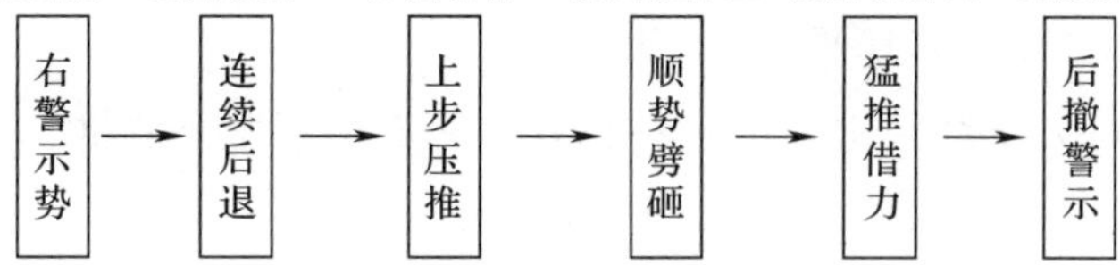

【动作分解与要领】

（1）起始势：右警示势。

1）场景：持械袭击者靠近，我方以警示势站立，并大声警告“后退”。

2）示意图：

（2）分解动作一：连续后退。

1）场景：当对方开始持械攻击时，我方应先以连续退步回避其气势，观察其破绽，寻找反击时机。

2）示意图：

要领：贴地后退；保持身体平衡，身体不要有太大起伏；冷静观察

（3）分解动作二：上步压推。

1）场景：当对方继续跟进攻击时，我方突然上步下压、侧推其持械手。

2）示意图

①上步下压：

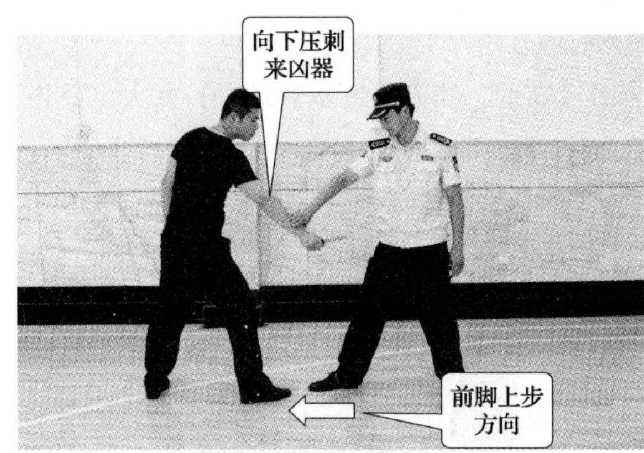

要领：上步、下压协调一致。

②拧身侧推：

要领：进步时要保持身体平衡，要把对方持械手推到侧面，远离自己身体位置。

（4）分解动作三：顺势劈砸。

1）场景：紧接上面的动作，我方即用掌劈砸其持械手。

2）示意图

①全景：

②近景：

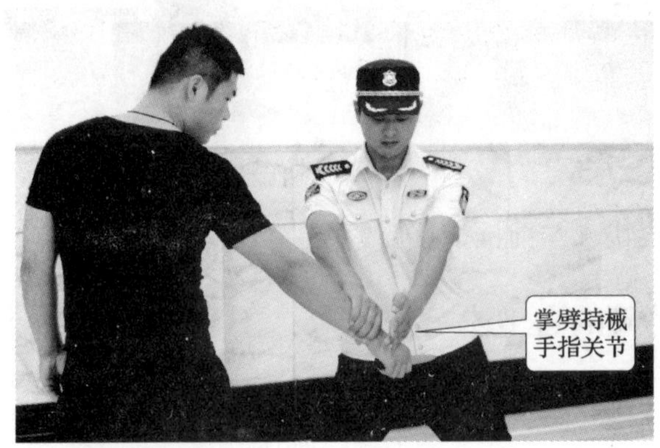

3）要领：劈砸要快要准，力争将凶器打落。

（5）分解动作四：猛推借力。

1）场景：当对方的注意力集中在持械手且被我方重击后，我方双手猛推其胸部。

2）示意图：

3）要领：前推时手脚发力要快速、协调。

（6）完成势：后撤警示。

1）场景：我方借前推的反弹力后退，还原警示势，并大声警告“后退”。

2）示意图：

3）要领：后撤要快，与前推衔接要紧凑。

3.4.2 应对劈砸的自卫术

当持械袭击者以劈砸袭击时，可用以下技法应对。

【动作名称】上架横推。

【动作应用】当袭击者持械劈砸保安员时，可使用本法应对。由于对方持械手在我方手上方，所以采用上架并向侧方推开，使其不能伤害自己，然后回击和撤离。

【动作顺序】以右手右脚在前为例说明。

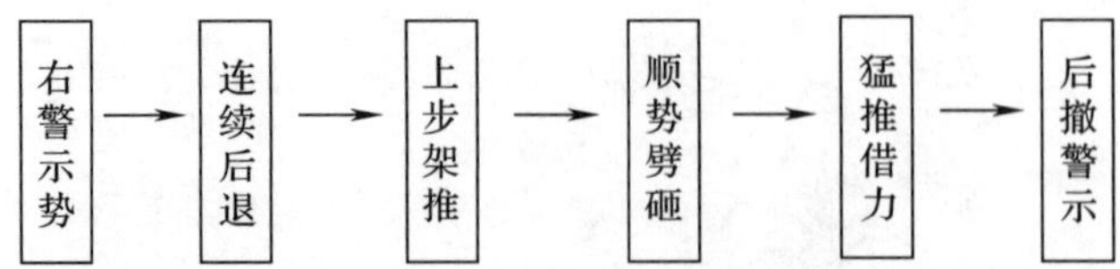

【动作分解与要领】

（1）起始势：右警示势。

1）场景：持械袭击者靠近保安员。

2）示意图：

（2）分解动作一：连续后退。

1）场景：当对方攻击时，我方应连续退步回避其气势，观察其破绽，寻找反击时机。

2）示意图：

3）要领：保持身体平衡，身体不要有太大起伏，冷静观察。

（3）分解动作二：上步架推

1）场景：当对方跟进要劈击时，我方应看准时机突然上步，上架其持械手腕。

2）示意图

①进步上架：

要领：突然；上步、上架要协调一致。

②拧身侧推全景：

要领：拧身、侧推要协调一致。

③拧身侧推近景：

要领：进步时要保持身体平衡，要把对方持械手推到侧面，远离自己身体位置。

（4）分解动作三：顺势劈砸。

1）场景：当对方持械手被推到左侧，我方马上用掌劈砸其持械手。

2）示意图

①全景：

②近景：

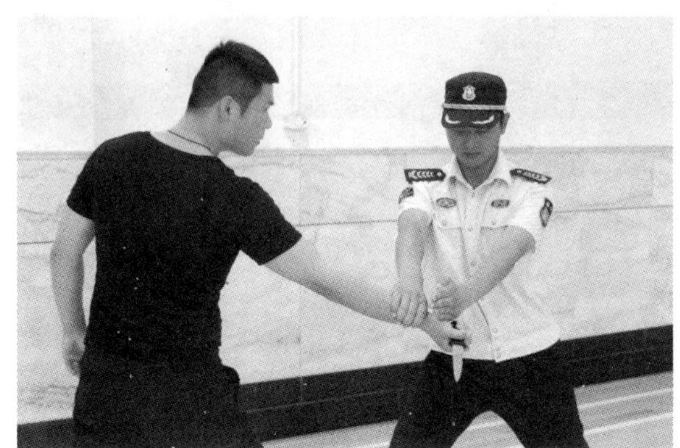

3）要领：劈砸要快要准，力争将凶器打落。

（5）分解动作四：猛推借力。

1）场景：当对方的注意力集中在持械手时，我方两手猛推其胸部，并借力后撤。

2）示意图：

3）要领：前推时，手脚发力要快速、协调。

（6）完成势：后撤警示。

1）场景：我方借前推的反弹力后退，还原警示势，并大声警告“后退”。

2）示意图：

3）要领：后撤要快，与前推衔接要紧凑。

理论知识考试模拟试卷及答案

重点安保人防（医院）
理论知识试卷

注 意 事 项

1. 考试时间：90 min。
2. 请首先按要求在试卷的标封处填写您的姓名、准考证号和所在单位的名称。
3. 请仔细阅读各种题目的回答要求，在规定的位置填写您的答案。
4. 不要在试卷上乱写乱画，不要在标封区填写无关的内容。

	一	二	总　分
得　分			

得　分	
评分人	

一、判断题（第1题～第35题。将判断结果填入括号中。正确的填“√”，错误的填“×”。每题1分，满分35分）

1. 我国医院安保工作特点包含：要害部位多，病人财物多，防盗防火目标明。（　　）

2. 医院门诊大厅岗位的保安员，遇到患者或家属求医问路要求咨询时，应帮助患者找到并将其送达要到的地方。（　　）

3. 车辆携物出门时应出示出门证，门岗安保查验内容包括：有效日期、院保卫处签章等。（　　）

4．医院保安员巡逻至行政楼、财务室、锅炉房、危险品仓库等重点区域时，应做到“停、听、看、闻、摸”。（　　）

5．某日晚8点钟，保安员发现一人躺在急诊候诊椅上睡觉，采取以下管理方式最为妥善：不去动他，看住他，拨打110报警，让警察来处理。（　　）

6．一病人找到保安员，称在排队时发现某人形迹可疑，怀疑是小偷，保安员接到报告后，如确认有作案嫌疑的，应采取控制措施，同时请求支援。（　　）

7．保安员有防盗宣传的职责，可用“管好您的钱包，注意身后有人盗窃”的提示语音，提醒病人注意防范。（　　）

8．医院门诊4楼报警，称一病人与医生争吵激烈，保安员立即到现场处置，如矛盾有升级且不可控的趋势，应拨打110报警。（　　）

9．医患纠纷发展是一个过程，在不同阶段有不同的处置要求，如有暴力伤医倾向，保安员可持钢叉等防暴装备赶赴现场。（　　）

10．因医疗赔偿费用协商不一致，8名病人家属在医院接待办公室殴打医护工作人员，砸办公室，保安员赶到现场，可带领医护人员一起实施正当防卫还击。（　　）

11．病患家属对某医生手术效果极不满意，数次将医生围住谩骂并推搡。首位保安员到达现场时，首先采取的措施是：立刻通过电台呼叫其他保安员。（　　）

12．家属因各种原因长时间拒绝将尸体从病房移至太平间，其构成违反治安管理的行为是“拒绝将尸体移至太平间并谩骂医生”。（　　）

13．家属认为由于医疗过失造成病人死亡，故在医院门诊大楼前架设灵堂向医院讨要说法，保安员接报到达现场后，无须劝导，立即动手拆除灵堂。（　　）

14．保安员夜间巡视时，发现社会人员在医院候诊椅子上留宿，保安员应强行驱逐留宿人员。（　　）

15．保安员发现发放小广告的嫌疑人，当对象发出小广告的时候，保安员上前扭获并进行处罚。（　　）

16．保安员在维持晨间挂号排队秩序时，有一人插队，保安员看到没有群众出面阻止，就采取视而不见的态度。（　　）

17．某病人站在6楼病房走道尽头的窗口欲跳楼，现场保安员应拉警戒线，控制围观人群，并及时报告。（　　）

18．保安员在履行安全管理时，遇到某人无理谩骂，保安面对谩骂可与对方争辩，如引起围观，一方面疏散人群，一方面应继续辩明是非。（　　）

19．群众向某保安员报警，约10分钟前，自己停在3号楼停车场的电瓶车不见了，

保安员在问清被盗车辆情况后，可帮助寻找。 （ ）

20．保安员小李接到老吴对讲机呼叫，医院某处有人坠楼自杀，于是到达现场后，立即用手机现场拍照，固定证据。 （ ）

21．全方位观察法是指保安员在执勤过程中，对自己视听所及的范围进行全面的重点观察。 （ ）

22．从对方谈话中使用的方言判断其大致生活或居住的地区，能有效地识别流窜犯罪或通缉在逃犯罪嫌疑人。 （ ）

23．可疑人的一般特征是：问话时搪塞、漏洞百出，行动诡秘，视线躲避保安员。 （ ）

24．发现重大犯罪嫌疑人时，保安员千万不要急于拦截，应先报告要求支援。 （ ）

25．有可能是犯罪工具和犯罪物证的，保安员均应收缴和搜身。 （ ）

26．当嫌疑车辆被拦截以后，必要时应收存其行驶证，以防逃跑。 （ ）

27．保安员在遭到可疑人徒手袭击时，即使自己携有保安棍，也不要随便使用。 （ ）

28．判断案件现场是否需要保护，主要看现场损害后果是否严重。 （ ）

29．现场保护是指案件发生后，及时采取保护措施，使现场保持发生时的真实状态，以便为现场勘查创造有利条件。 （ ）

30．闻悉案件发生后，必须迅速赶赴现场。经初步核查后，迅速向公安机关报告事主、被害人的基本情况，受到何种伤害及其程度，或者被抢、被盗财物的基本情况。 （ ）

31．保安员在保护现场的过程中，应注意收集现场事主、发现人和现场周围群众的反应情况。 （ ）

32．保安员在赶赴现场时，若遇到正在作案人或重大嫌疑人，应当奋不顾身地立即将其抓获，扭送公安机关。 （ ）

33．保安员保护室内现场，常用的封闭现场方法是布置警戒，绕以绳索，设置人墙。 （ ）

34．室内现场的保护，通常是把出事的房间和室外进出该房间的路线，以及可能遗留有犯罪痕迹、物品的场所一起封锁起来，布置警戒，或者绕以绳索，禁止一切无关人员入内。 （ ）

35．保安员遇到某种紧急情况时，必须进入现场或者必须移动现场的某些物品时，

保安员应当尽可能减少踩踏现场的足迹，尽量不要触摸现场的物品。（　　）

得　分	
评分人	

二、单项选择题（第 1 题～第 65 题。选择一个正确的答案，将相应的字母填入题内的括号中。每题 1 分，满分 65 分）

1. 根据医院的规模大小、人员配备、硬件设施和科研能力，中国医院划分为（　　）。

A. A、B、C、D 4 个等级　　B. 甲、乙、丙 3 个等级

C. 一、二、三、四 4 个等级　　D. 一、二、三 3 个等级

2. 下列选项中，不属于我国医院安保工作特点的是（　　）。

A. 人流量大，开放式管理，安全管控比较困难

B. 要害部位多，病人财物多，防盗防火目标明

C. 寻医问路，患者困难多，热情服务闲不住

D. 车辆拥堵，交通指挥忙，安全畅通要求低

3. 医院门卫保安员岗位的基本要求是（　　）。

A. 按时巡逻，妥善处置各类突发治安、消防事件

B. 熟悉全院各重要部位、重要设施设备的维保情况

C. 着装整齐、站姿端正、精神饱满、站位恰当

D. 协助医院所在地派出所，做好地区案事件统计工作

4. 医院门卫保安员发现有（　　）已经进入医院，应通知监控或巡逻组密切注意目标动向。

A. 发广告人员　　B. 快递人员　　C. 残疾人　　D. 表演义卖人员

5. 医院门诊大厅岗位的保安员，遇到患者或家属求医问路要求咨询时，不规范的做法是（　　）。

A. 疑难问题可以告知其到导医台询问

B. 告知目标所属位置的楼层、区域，如何到达等

C. 必须帮助患者找到并将其送达所要到的地方

D. 指示目标方向和具体走法

6. 某医院车库已满，保安员告知停在车库门口的驾驶员，并请他将车辆驶离现

场，但该车主不听劝告，还将车辆横在门前，影响其他车辆驶离，此时保安员错误的做法是（　　）。

A. 劝说，告知利害关系，并请车主到车库看一看

B. 立刻向上级汇报，请示下一步处理办法

C. 报警，请警方处理

D. 对方蛮不讲理，几个保安员出手推搡、教训对方

7. 对在医院内的摊贩、表演义卖和乞讨及盲流人员等，保安员应该将其（　　）出医院区域。

A. 驱逐　　B. 驱赶　　C. 劝退　　D. 架离

8. 医院保安员巡逻至行政楼、财务室、锅炉房、危险品仓库等重要部位时，下列错误的方法是（　　）。

A. 应当实施警戒

B. 从表面上观察重要部位外部是否有异常情况

C. 做到“停、听、看、闻、摸”

D. 重要部位的仪器电器设施设备使用是否符合安全规定或处于正常运行状态

9. 保安员发现有人在医院内吸烟，正确的处理方法是（　　）。

A. 劝说吸烟者将烟熄灭　　B. 大声喝止对方将烟熄灭

C. 上前直接将烟打掉　　D. 训斥对方不该在这吸烟

10. 医院门诊结束后，保安员巡逻发现有陌生嫌疑人在理应无人的区域逗留，以下不恰当的询问言语是（　　）。

A. “请问你有什么难事，为什么在这里逗留？”

B. “请你配合我们的工作……”

C. “请你自己将包打开，配合我们的检查。”

D. “此地下班后非医护人员都不能停留、进入……”

11. 一病人找到保安员，称在排队时发现某人形迹可疑，怀疑是小偷，保安员接到报告后，就采取以下方式：（1）当场控制嫌疑人，带往院内治安办公室。（2）观察后认为有作案嫌疑的，打110报警。（3）确认有作案嫌疑的，采取控制措施，同时请求支援。（4）观察后排除作案嫌疑，提醒排队人员保管好自己的财物。其中不应当采取的措施是（　　）。

A. 第（1）、（2）、（3）项　　B. 第（2）、（3）、（4）项

C. 第（1）、（2）、（4）项　　D. 第（1）、（3）、（4）项

12. 在医院挂号收费处，患者或患者家属不容易被盗窃随身物品的情况是（　　）。

A. 缴费或核对发票时忽视保护背包、挎包

B. 排队的时候不断聊天或者东张西望

C. 缴费过程中暴露随身钱包放置部位

D. 边清点药物边将手机、钱包随意放在前台上

13. 下列不具有盗窃嫌疑特征的选项是（　　）。

A. 某人沿着病房走廊走动，没有确定的目标，不时往病房里探望却不进病房

B. 某人蹲在消防走道里吸烟，看到保安员后继续抽烟

C. 在排队挂号的队伍中，某人不停往前挤、靠

D. 某人与保安员相遇，立刻转身走开或有意回避保安员

14. 保安员有防盗宣传的职责，提示病人注意防范有以下几种表达方式：（1）“请妥善保管好您的随身财物。”（2）“管好您的钱包，注意身后那个人。”（3）“请您将包拉好放在身前。”（4）“此处可能有小偷，请大家注意防范。”其中比较恰当的有（　　）。

A. 第（2）、（3）项　　　　B. 第（3）、（4）项

C. 第（1）、（2）项　　　　D. 第（1）、（3）项

15. 医院门诊4楼报警，称一病人与医生争吵激烈，保安员立即到现场处置，以下处置方式不恰当的是（　　）。

A. 劝告心平气和，有话好说

B. 矛盾有升级且不可控的趋势，打110报警

C. 纠纷难以解决引领对方至专职部门处理

D. 将双方隔离开，避免病人与医生间的肢体接触

16. 保安员接受处理医患纠纷指令或者发现医患纠纷，应当积极参与处理，下列调解方法中正确的是（　　）。

A. 到达现场保安员人数要适度，时间要适当

B. 目的是保护医护人员安全

C. 必须穿保安制服，以公开的方式管理

D. 劝患者怀敬重之心，不要苛求医护人员

17. 医患纠纷产生的原因很多，不是构成医患纠纷直接原因的是（　　）。

A. 医疗服务有过错　　　　B. 患者缺乏医学知识，就医期望值过高

C. 医院收费太高　　　　D. 医患双方缺乏有效沟通

18. 医患纠纷发展是一个过程，在不同阶段有不同的处置要求，下列不属于医患纠纷过程中安保工作要求的选项是（　　）。

A. 纠纷初期——调和矛盾，防止激化

B. 纠纷激化——帮助平息、防止暴力化

C. 暴力伤医倾向——持钢叉等防暴装备到现场

D. 暴力伤医——挺身而出保护医护人员，控制对象

19. 伤害医护人员的违法行为，在地点、时间、手段等方面有自己的特点，下列不属于伤医特点的是（　　）。

A. 伤害行为发生在门诊、护士站、重症监护室、急诊室居多

B. 行为人以老年人居多

C. 一般伤害以拳打脚踢为主

D. 纠纷过程中，临时起意的伤害居多

20. 杀人是严重的暴力犯罪，杀害医护人员的犯罪有其特点，以下（　　）不属于杀害医护人员的犯罪特点。

A. 有预谋，携带凶器

B. 一言不发，突然袭击，攻击要害部位

C. 以高学历、高收入人群为主

D. 事先没有争吵闹事，突然爆发，无征兆伤害

21.（　　）不属于医院暴力伤害医护人员的案件多发地。

A. 门诊室、重症监护室　　B. 急诊室、护士站

C. 重症监护室、急诊室　　D. 门诊室、挂号间

22. 保安员保护医护人员人身安全，重在防范，其次是处置，下列防范暴力伤害的不正确措施是（　　）。

A. 提高三室一站（门诊室、重症监护室、急诊室、护士站）巡视密度

B. 加强对医护人员安全的保护性观察，防突发袭击

C. 强化专家门诊挂号秩序

D. 发现病人、家属与医护人员争吵的现象，采取相应警戒措施

23. 保安员不分岗位，只要发现医院内有伤害他人嫌疑的对象，都应当加强观察、跟踪、报告，下列不属于伤害他人嫌疑对象的是（　　）。

A. 甲某手握一把打开的小洋刀，向住院部走去

B. 丙某紧随一名护士向拍片间走去

C. 乙某边走边骂医生，怒气冲冲向门诊部走去

D. 丁某与6名家属商量决定到某医生办公室大闹

24. 保安员发现一名患者与咨询台护士在争论，说话嗓门较大，所采取的措施中恰当的是（　　）。

A. 不宜操之过急地干预，可站在不远处静观其变

B. 目前还不算太激烈，先离开，打起来再上去处置

C. 主动上前要求该患者别激动，安静点

D. 站立在患者与护士中间位置，防止暴力伤人的情况发生

25. 保安员在巡逻中听到患者与医护人员的激烈争吵声，正确的处理方法是（　　）。

A. 医患争吵时有发生，自然平息，管了反而生事

B. 立即上前劝阻，隔开医患之间的距离

C. 近距离观察，掌握动态情况，以防不测

D. 保安员在15米范围外停步，静观其变

26. 因医疗赔偿费用协商不一致，8名病人家属在医院接待办公室殴打医护工作人员，砸办公室，保安员赶到现场处置，不当的方法是（　　）。

A. 挺身而出，大声喝止，先声夺人

B. 以推、拉、挡等动作制止对象伤害医护人员

C. 用身体阻挡行为人侵害，保障医护人员安全

D. 带领医护人员一起实施正当防卫还击

27. 病人家属认为医护人员耽误抢救时间，导致患者死亡，十几人异常愤怒地推打医护人员及逼跪医生。五名保安员闻警赶到住院部办公室，保安员进入现场恰当的站位要求是（　　）。

A. 一名保安员在门口控制进出，一人与家属对话，三人在旁观察

B. 一名保安员在门口控制进出，四名保安员入室，站立在医患隔离线上

C. 三名保安员站在办公室门口视情而动，两名保安员入室与患者家属沟通

D. 五名保安员入室，站在围绕家属的控制线上

28. 病患家属对某医生手术效果极不满意，数次将医生围住谩骂并推搡。第一名保安员到达现场时，首先采取的措施是（　　）。

A. 批评家属，制止家属的过激行为

B. 上前劝说并顺势拉或推开家属与医生的距离

C. 立刻通过电台呼叫其他保安员

D. 观察周围环境，留出撤离通道

29. 王某，男，因胃出血来院治疗，后因低血糖在病区摔倒导致颅内出血，院方第一时间将病人转至ICU病房，但经抢救无效于次日失去生命体征。家属情绪激动并拒绝将尸体移至太平间，要求院长出面解释，纠纷激化影响医疗秩序。保安员们到达现场后，错误的处置方法是（　　）。

A. 稳定家属情绪，报告现场情况，安全防范

B. 站在门口观察，家属不打人，保安员不干涉纠纷

C. 换便装，采集、固定家属拒绝移尸体的现场证据

D. 同情家属，委婉相劝家属依法解决

30. 家属因各种原因，长时间拒绝将尸体从病房移至太平间的行为，构成违反治安管理的行为是（　　）。

A. 在公共场所停放尸体

B. 因停放尸体影响他人正常生活、工作秩序

C. 因停放尸体影响他人工作秩序，不听劝阻的

D. 拒绝将尸体移至太平间并谩骂医生

31. 在医疗机构，下列行为：（1）焚烧纸钱，（2）摆设灵堂，（3）谩骂保安员，（4）摆放花圈，其中构成违反治安管理行为的有（　　）。

A. 第（1）、（2）、（3）项　　B. 第（2）、（3）、（4）项

C. 第（1）、（2）、（4）项　　D. 第（1）、（3）、（4）项

32. 家属认为由于医疗过失造成病人死亡，故在医院门诊大楼前架设灵堂向医院讨要说法，保安员接报到达现场后，采取的错误处置方法是（　　）。

A. 劝说家属，设法阻止架设灵堂

B. 向家属宣传法律的相关规定

C. 对全过程进行记录

D. 无须劝导，立即动手拆除灵堂

33. 在医院闹事、打人、损毁公私财物的行为，根据主观故意、客观行为以及侵害客体的不同内容，可能涉及的违反治安管理行为的案由有多种，但是，绝对不会涉及的违法案由是（　　）。

A. 殴打他人或者故意伤害他人　　B. 扰乱单位秩序

C. 寻衅滋事　　D. 违反公共场所管理制度

34. 保安员夜间巡视发现社会人员在医院候诊椅子上留宿，保安员恰当的处理方法是（　　）。

A. 训斥对方，斥责对方将医院当旅馆

B. 强行驱逐留宿人员

C. 宣传医院制度，坚决劝离

D. 熟视无睹

35. 保安员在门岗值勤时，遇到一病人投诉本院保洁员，称保洁员打扫卫生时，拖把从病人脚上拖过且态度恶劣，保安员正确的回答是（　　）。

A. 没有看到发生的事情，不能认定保洁员有错

B. 投诉的事情与保安员无关

C. 认为病人小题大做

D. 问清情况，做好化解工作，或告知投诉接待室的位置

36. 一病人怒气冲冲、情绪激动地向保安员询问院长办公室地址，保安员回答询问时，最不恰当的方法是（　　）。

A. 反问对方，找院长的原因

B. 告知不能随便暴露院长办公室位置

C. 告知院长很忙，如果投诉可以到职能部门

D. 向队长报告有人要到院长办公室投诉

37. 保安员发现发放小广告的嫌疑人，采取的处理措施有：（1）当对象发出小广告的时候，上前扭获并处罚，（2）调整监控探头，视频固定发小广告行为，（3）向其宣传医院有关制度，劝其离开医院区域，（4）以扰乱医疗机构正常秩序为名，送公安机关处理，其中不够恰当的方法有（　　）。

A. 第（1）、（2）、（3）项　　B. 第（2）、（3）、（4）项

C. 第（1）、（2）、（4）项　　D. 第（1）、（3）、（4）项

38. 保安员在维持晨间挂号排队秩序时，发现有一人插队，采取了以下处理方法：（1）及时制止，请其离开，（2）礼貌宣传，告知利害关系，（3）群众不投诉，保安员不管，（4）询问有无特殊情况，其中比较恰当的处理方法有（　　）。

A. 第（1）、（2）、（3）项　　B. 第（2）、（3）、（4）项

C. 第（1）、（2）、（4）项　　D. 第（1）、（3）、（4）项

39. 某病人站在6楼病房走道尽头的窗口欲跳楼，现场保安员错误的做法是（　　）。

A．及时报告　　B．拉警戒线，控制围观人群

C．训斥对方“自己负责”　　D．调查跳楼者相关身份

40．保安员在履行安全管理时，遇到某人无理谩骂，保安员面对谩骂，不恰当的处理方法是（　　）。

A．礼貌地向对方作适当说明　　B．与对方强烈争辩，引起围观继续争辩

C．呼叫上级领导处理　　D．由同事协助冷处理

41．有记者在病区采访某病人，保安员没有接到上级关于记者采访的通知，保安员上前处理时，正确的做法是（　　）。

A．不由分说阻止采访

B．用手遮挡采访摄像镜头

C．上前询问采访是否履行相关手续，并阻止采访

D．呼叫其他保安员上前阻拦

42．群众向某保安员报警，约 10 分钟前自己停在 3 号楼停车场的电瓶车不见了，保安员比较恰当的处理方法是（　　）。

A．问清被盗车辆情况，帮助寻找　　B．请被害人自己报警

C．向队长报告并请示　　D．批评失窃人没有防范意识

43．保安员在巡逻时，应依据违法犯罪的时间规律进行（　　）。

A．重点观察　　B．全方位观察

C．重点地点观察　　D．重点时段观察

44．保安员夜间用肉眼由（　　）观察，不易发现目标。

A．高处向低处　　B．低处向高出　　C．内向外　　D．外向里

45．怀疑对方说谎，但又问不出具体细节，可先缓和气氛，然后（　　），可发现线索。

A．抓住疑点　　B．突然发问　　C．心态平和　　D．情绪正常

46．保安员巡逻中应注意发现，流窜外逃或刚刚逃离现场的案犯，（　　）的心理更加突出。

A．行动鬼祟　　B．神情自然　　C．轻松愉快　　D．紧张、恐惧

47．扒窃犯眼睛不断转动，两眼集中盯着人们的衣兜、（　　），神情专一。

A．包裹　　B．脸颊　　C．眼睛　　D．手臂

48．不停地来回逛，（　　）的为可疑人。

A．有意躲避保安员视线　　B．到处观望

C．主动与保安员搭讪　　D．拿相机拍照

49．可疑人的一般特征是：问话时搪塞、漏洞百出，（　　），视线躲避保安员。

A．两眼发直　　B．行动诡秘　　C．漫无目的　　D．东张西望

50．（　　），应使对象对进行查问的原因感到合乎情理，得到理解，目的是避免发生误会，防止激化和纠纷。

A．合理原则　　B．怀疑原则　　C．距离原则　　D．两防原则

51．根据现场环境和违法犯罪动向，保安员经常采用“（　　）”战术方法，待其露出马脚再出击。

A．声东击西　　B．欲擒故纵　　C．敲山震虎　　D．引蛇出洞

52．（　　）会造成证据转移或可疑人员逃窜。

A．查问太早　　B．跟踪　　C．盯梢　　D．查问太晚

53．如出现时机恰当、地点不太理想时，应把握“（　　）”的原则。

A．主动出击　　B．时机为主，选择地点为辅

C．掌握地点　　D．合法

54．当犯罪嫌疑人人数较多，且年轻力壮，手中可能持有凶器，有逃跑企图时，保安员可采取正面牵制，（　　）包围的方法接近。

A．突然袭击　　B．左、右两侧迂回

C．正面接近　　D．侧后

55．保安员站在几个被拦截对象的（　　）进行查问最危险。

A．前面　　B．后面　　C．侧面　　D．中间

56．以关心、友好的形式进行攀谈，寻找其言行的疑点是（　　）起问。

A．询问　　B．一般性询问　　C．交谈式　　D．盘查

57．人与证对照主要是对照证件照片形象与持证人是否相像或同一，或（　　）。

A．证件内所载内容与持证人陈述是否一致　　B．证件规格与图像

C．观察特殊印记与暗记　　D．证件质地

58．现场若反复查问仍不能查清疑点或越问疑点越多的情况，保安员应果断（　　）。

A．带离　　B．控制　　C．搜身　　D．报警

59．保安员对嫌疑车辆进行查验时，应令驾驶员（　　），车上其他人员下车集中后进行查验。

A．熄火、下车　　B．双手抱头　　C．下车搜身　　D．在驾驶室

60. 对群众举报或指认的可疑人，或实施现行违法犯罪行为的人员，保安员应（　　），并立即报警。

A. 先报告、后控制　　B. 先报警、后抓捕

C. 先监视、控制住　　D. 先监视、后支援

61. 在没有反击条件的情况下，保安员可采用（　　）的方法。

A. 以退为进　　B. 伺机擒获　　C. 机智周旋　　D. 摆脱控制

62. 保安员保护室外现场，警戒范围已经确定实施，做法正确的是（　　）。

A. 任何情况下不得变更　　B. 现场保安员可予变更

C. 现场保卫组织领导可予变更　　D. 现场民警可予变更

63. 保安员到达现场后，应核实现场情况的要点不包括（　　）。

A. 时间、地点，发生或者发现的事件

B. 发生或者发现事件的简要经过和现场的梗概情况

C. 犯罪嫌疑人的人数和特征，有无凶器和交通工具，逃跑的方向

D. 事主、被害人的基本情况，被抢、被盗财物的具体数额

64. 保安员在保护现场的过程中，应注意收集现场（　　）的反应情况。

A. 事主　　B. 发现人

C. 事主、发现人　　D. 事主、发现人和现场周围群众

65. 保安员保护室内现场，常用的封闭现场方法不包括（　　）。

A. 布置警戒　　B. 绕以绳索

C. 出入口布置岗哨　　D. 设置人墙

理论知识考试模拟试卷参考答案

一、判断题（第1题～第35题。将判断结果填入括号中。正确的填“√”，错误的填“×”。每题1分，满分35分）

1. √	2. ×	3. √	4. √	5. ×	6. √	7. ×	8. ×
9. ×	10. ×	11. ×	12. ×	13. ×	14. ×	15. ×	16. ×
17. √	18. ×	19. √	20. ×	21. ×	22. √	23. √	24. √
25. ×	26. ×	27. ×	28. ×	29. ×	30. √	31. √	32. ×
33. ×	34. √	35. ×					

二、单项选择题（第1题～第65题。选择一个正确的答案，将相应的字母填入题内的括号中。每题1分，满分65分）

1. D	2. D	3. C	4. A	5. C	6. D	7. C	8. B
9. A	10. C	11. C	12. B	13. B	14. D	15. B	16. A
17. C	18. C	19. B	20. C	21. D	22. C	23. B	24. A
25. C	26. D	27. D	28. B	29. B	30. C	31. C	32. D
33. D	34. C	35. D	36. B	37. C	38. C	39. C	40. B
41. C	42. A	43. D	44. A	45. B	46. D	47. A	48. A
49. B	50. A	51. B	52. D	53. B	54. B	55. D	56. C
57. A	58. A	59. A	60. C	61. A	62. D	63. D	64. D
65. C							

操作技能考核模拟试卷

注 意 事 项

1. 考生根据操作技能考核通知单中所列的试题做好考核准备。

2. 请考生仔细阅读试题单中具体考核内容和要求，并按要求完成操作或进行笔答或口答，若有笔答请考生在答题卷上完成。

3. 操作技能考核时要遵守考场纪律，服从考场管理人员指挥，以保证考核安全顺利进行。

注：操作技能鉴定试题评分表及答案是考评员对考生考核过程及考核结果的评分记录表，也是评分依据。

国家职业资格鉴定
重点安保人防（医院）操作技能考核通知单

姓名：

准考证号：

考核日期：

试题1

试题代码：1.1.3。

试题名称：队列——停止间转法。

考核时间：20 s。

配分：5 分。

试题2

试题代码：2.1.2。

试题名称：俯卧撑（或仰卧起坐）。
考核时间：2 min。
配分：10 分。

试题 3
试题代码：3. 2. 1。
试题名称：防卫——双臂叉挡防下。
考核时间：30 s。
配分：5 分。

试题 4
试题代码：4. 1. 2。
试题名称：短保安棍格挡。
考核时间：1 min。
配分：10 分。

试题 5
试题代码：5. 1. 4。
试题名称：医院设置“灵堂”应急处置。
考核时间：4 min。
配分：20 分。

重点安保人防（医院）
操作技能鉴定试题单

试题代码：1.1.3。

试题名称：队列——停止间转法。

考核时间：20 s。

1. 操作条件

平坦地面一块（室外、室内均可）。

2. 操作内容

听到“停止间转法”的口令，按要求操作。

3. 操作要求

听到口令，转向正确，动作规范。

重点安保人防（医院）
操作技能鉴定试题评分表及答案

考生姓名：　　　　　　　　　　　　准考证号：

1. 评分表

试题代码及名称	1.1.3　队列——停止间转法			考核时间			20 s		
评价要素	配分	等级	评分细则	评定等级					得分
				A	B	C	D	E	
动作要求正确	5	A	全部动作正确						
		B	个别动作不正确						
		C	部分动作不正确						
		D	大部分动作不正确						
		E	放弃或缺考						
合计配分	5	合计得分							

考评员（签名）：

等级	A（优）	B（良）	C（及格）	D（较差）	E（放弃或缺考）
比值	1.0	0.8	0.6	0.2	0

“评价要素”得分＝配分×等级比值。

2. 参考答案

向右（左）转：听到向右（左）转的口令，以右（左）脚跟为轴，右（左）脚跟和左（右）脚掌前部同时用力，身体和脚一致向右（左）转90°，体重落于右（左）脚，左（右）脚取捷径迅速靠拢右（左）脚，成立正姿势。

向后转：听到向后转的口令，按向右转的要领向后转体180°。

听到“礼毕”的口令，将手放下，呈立正姿势。

重点安保人防（医院）
操作技能鉴定试题单

试题代码：2. 1. 2。

试题名称：俯卧撑（或仰卧起坐）。

考核时间：2 min。

1. 操作条件

室内平坦地面一块，体操垫一块。

2. 操作内容

男：俯卧撑，女：仰卧起坐。

3. 操作要求

全身挺直，平起平落，按规定时间内完成的次数计分。

重点安保人防（医院）操作技能鉴定试题评分表及答案

考生姓名：　　　　　　　　　　　　准考证号：

1. 评分表

试题代码及名称	2.1.2　俯卧撑（或仰卧起坐）			考核时间					2 min
评价要素	配分	等级	评分细则	评定等级					得分
				A	B	C	D	E	
双手支撑身体，两腿向身体后方伸展，保持头、脖子、后背、臀部以及双腿在一条直线上 动作重点：全身挺直，平起平落	10	A	按年龄、性别对应测试标准						
		B	—						
		C	—						
		D	—						
		E	未达到规定标准						
合计配分	10	合计得分							

考评员（签名）：

等级	A（优）	B（良）	C（及格）	D（较差）	E（放弃或缺考）
比值	1.0	0.8	0.6	0.2	0

“评价要素”得分＝配分×等级比值。

2. 参考答案（测试标准）

项目 / 年龄组	俯卧撑（或仰卧起坐）
	次/min
30 岁以内	≥30
30～40 岁	≥26
41～50 岁	≥23
51 岁以上	≥20

重点安保人防（医院）
操作技能鉴定试题单

试题代码：3. 2. 1。

试题名称：防卫——双臂叉挡防下。

考核时间：30 s。

1. 操作条件

平坦地面一块（室外、室内均可）。

2. 操作内容

听到“双臂叉挡防下”的口令，按要求操作。

3. 操作要求

叉挡、转体准确迅速，扣压、撬别到位有力。

重点安保人防（医院）
操作技能鉴定试题评分表及答案

考生姓名：　　　　　　　　　　　　　　准考证号：

1．评分表

<table>
<tr><td>试题代码及名称</td><td colspan="3">3.2.1　防卫——双臂叉挡防下</td><td colspan="3">考核时间</td><td colspan="3">30 s</td></tr>
<tr><td rowspan="2">评价要素</td><td rowspan="2">配分</td><td rowspan="2">等级</td><td rowspan="2">评分细则</td><td colspan="5">评定等级</td><td rowspan="2">得分</td></tr>
<tr><td>A</td><td>B</td><td>C</td><td>D</td><td>E</td></tr>
<tr><td rowspan="5">叉挡、转体准确迅速，扣压、撬别到位有力</td><td rowspan="5">5</td><td>A</td><td>全部动作正确</td><td></td><td></td><td></td><td></td><td></td><td rowspan="5"></td></tr>
<tr><td>B</td><td>个别动作不正确</td><td></td><td></td><td></td><td></td><td></td></tr>
<tr><td>C</td><td>部分动作不正确</td><td></td><td></td><td></td><td></td><td></td></tr>
<tr><td>D</td><td>大部分动作不正确</td><td></td><td></td><td></td><td></td><td></td></tr>
<tr><td>E</td><td>放弃或缺考</td><td></td><td></td><td></td><td></td><td></td></tr>
<tr><td>合计配分</td><td>5</td><td colspan="7">合计得分</td><td></td></tr>
</table>

考评员（签名）：

等级	A（优）	B（良）	C（及格）	D（较差）	E（放弃或缺考）
比值	1.0	0.8	0.6	0.2	0

“评价要素”得分 = 配分 × 等级比值。

2．参考答案

当对方持匕首由下方刺来时，我方左脚后撤半步双臂相叠，呈“十”字状叉挡在对方右小臂上。同时左脚向前一步，右手向后下方扳压对方肘部，左手顺势上穿扣压其肩背部，并以肘臂别住其小臂，迫其屈腰俯身。右手随即将其右手翻腕抓握。

操作要求：叉挡、转体准确迅速，扣压、撬别到位有力。

详见附录“二、防卫擒技术→5．双臂叉挡防下”。

重点安保人防（医院）
操作技能鉴定试题单

试题代码：4. 1. 2。

试题名称：短保安棍格挡。

考核时间：1 min。

1. 操作条件

平坦地面一块（室外、室内均可），短警棍一根，长棍一根。

2. 操作内容

短保安棍格挡。

3. 操作要求

动作一：上步格挡。

【要求】　握棍要紧、弓步要稳、迎击迅速、格挡精准。

动作二：左格挡。

【要求】　握棍要紧、弓步要稳、迎击迅速、格挡精准。

动作三：右格挡。

【要求】　握棍要紧、弓步要稳、迎击迅速、格挡精准。

重点安保人防（医院）
操作技能鉴定试题评分表及答案

考生姓名：　　　　　　　　　　　　准考证号：

1．评分表

<table>
<tr><td colspan="2">试题代码及名称</td><td colspan="3">4.1.2　短保安棍格挡</td><td colspan="2">考核时间</td><td colspan="4">1 min</td></tr>
<tr><td colspan="2" rowspan="2">评价要素</td><td rowspan="2">配分</td><td rowspan="2">等级</td><td rowspan="2">评分细则</td><td colspan="5">评定等级</td><td rowspan="2">得分</td></tr>
<tr><td>A</td><td>B</td><td>C</td><td>D</td><td>E</td></tr>
<tr><td rowspan="5">1</td><td rowspan="5">动作：上步格挡
要求：握棍要紧，弓步要稳，迎击迅速，格挡精准</td><td rowspan="5">4</td><td>A</td><td>全部动作正确</td><td></td><td></td><td></td><td></td><td></td><td rowspan="5"></td></tr>
<tr><td>B</td><td>个别动作不正确</td><td></td><td></td><td></td><td></td><td></td></tr>
<tr><td>C</td><td>部分动作不正确</td><td></td><td></td><td></td><td></td><td></td></tr>
<tr><td>D</td><td>动作大部分不正确</td><td></td><td></td><td></td><td></td><td></td></tr>
<tr><td>E</td><td>放弃或缺考</td><td></td><td></td><td></td><td></td><td></td></tr>
<tr><td rowspan="5">2</td><td rowspan="5">动作：左格挡
要求：握棍要紧，弓步要稳，迎击迅速，格挡精准</td><td rowspan="5">3</td><td>A</td><td>全部动作正确</td><td></td><td></td><td></td><td></td><td></td><td rowspan="5"></td></tr>
<tr><td>B</td><td>个别动作不正确</td><td></td><td></td><td></td><td></td><td></td></tr>
<tr><td>C</td><td>部分动作不正确</td><td></td><td></td><td></td><td></td><td></td></tr>
<tr><td>D</td><td>动作大部分不正确</td><td></td><td></td><td></td><td></td><td></td></tr>
<tr><td>E</td><td>放弃或缺考</td><td></td><td></td><td></td><td></td><td></td></tr>
<tr><td rowspan="5">3</td><td rowspan="5">动作：右格挡
要求：握棍要紧，弓步要稳，迎击迅速，格挡精准</td><td rowspan="5">3</td><td>A</td><td>全部动作正确</td><td></td><td></td><td></td><td></td><td></td><td rowspan="5"></td></tr>
<tr><td>B</td><td>个别动作不正确</td><td></td><td></td><td></td><td></td><td></td></tr>
<tr><td>C</td><td>部分动作不正确</td><td></td><td></td><td></td><td></td><td></td></tr>
<tr><td>D</td><td>动作大部分不正确</td><td></td><td></td><td></td><td></td><td></td></tr>
<tr><td>E</td><td>放弃或缺考</td><td></td><td></td><td></td><td></td><td></td></tr>
<tr><td colspan="2">合计配分</td><td>10</td><td colspan="7">合计得分</td><td></td></tr>
</table>

考评员（签名）：

等级	A（优）	B（良）	C（及格）	D（较差）	E（放弃或缺考）
比值	1.0	0.8	0.6	0.2	0

“评价要素”得分 = 配分 × 等级比值

2．参考答案

详见附录“三、保安装备使用→2．短保安棍格挡”。

重点安保人防（医院）
操作技能鉴定试题单

试题代码：5. 1. 4。

试题名称：医院设置“灵堂”应急处置。

考核时间：4 min。

1. 操作条件

装备保障：保安长棍、手电筒、盾牌、控制暴恐电网钢叉、警戒带、木棍等。

2. 操作内容

某日 20 时，刘某（女，39 岁）因病从某区某医院转市第一人民医院抢救，于次日 9 时因抢救无效死亡，死者家属对死因有异议。

第二天 8 时许，王某、李某等多人代表死者刘某一方，以与该院方协商赔偿未果为由，在该院门诊一楼大堂内摆设“灵堂”，拉标语横幅，撒纸钱，燃烧香烛，拜祭死者。期间，王某等人不听从院方工作人员和现场民警的劝阻和警告，严重影响了医院的正常秩序。王某等人封锁了医院的交通，使救护车无法通过；拉横幅，并殴打医务人员。

应急处置：按照卫生部、公安部联合发出的《关于维护医疗机构秩序的通告》，禁止任何单位和个人以任何理由、手段扰乱医疗机构的正常诊疗秩序，对在医疗机构焚烧纸钱、摆设灵堂、摆放花圈、违规停尸、聚众滋事等七大行为，警方将依据《中华人民共和国治安管理处罚法》进行处罚，构成犯罪的将依法追究刑责。据了解，患者与医院发生纠纷，通常的解决途径一是双方自行协商，二是由卫生主管部门给予行政处理，三是进行医疗事故技术鉴定，四是司法诉讼。卫生部门除了进一步加强医疗纠纷人民调解机构这一调处平台建设外，还将研究推行医疗意外保险或设立医疗风险、医疗损害赔偿基金的可行性，从机制上为医患双方理顺关系。

如果你当班执勤，现场将如何应急处置？

重点安保人防（医院）
操作技能鉴定试题评分表

考生姓名：　　　　　　　　　　　　准考证号：

<table>
<tr><td colspan="2">试题代码及名称</td><td colspan="3">5.1.4　医院设置“灵堂”应急处置</td><td colspan="2">考核时间</td><td colspan="4">4 min</td></tr>
<tr><td colspan="2" rowspan="2">评价要素</td><td rowspan="2">配分</td><td rowspan="2">等级</td><td rowspan="2">评分细则</td><td colspan="5">评定等级</td><td rowspan="2">得分</td></tr>
<tr><td>A</td><td>B</td><td>C</td><td>D</td><td>E</td></tr>
<tr><td rowspan="5">1</td><td rowspan="5">先期处置：
（1）接警后应急反应快
（2）边报告（报告内容），边奔赴现场
（3）对情况仔细了解、评估、研判
（4）语言控制，表达清晰
（5）实施以医护人员与病人及家属暴力事件为中心的警戒
（6）发现暴力侵害，立即报告，并通知附近岗位保安，赶赴现场，协同处置
（7）稳住局面
（8）进行有效的掩护
（9）及时避开对方的袭击</td><td rowspan="5">8</td><td>A</td><td>动作全部正确</td><td></td><td></td><td></td><td></td><td></td><td rowspan="5"></td></tr>
<tr><td>B</td><td>动作有个别不正确</td><td></td><td></td><td></td><td></td><td></td></tr>
<tr><td>C</td><td>动作有部分不正确</td><td></td><td></td><td></td><td></td><td></td></tr>
<tr><td>D</td><td>动作大部分不正确</td><td></td><td></td><td></td><td></td><td></td></tr>
<tr><td>E</td><td>放弃或缺考</td><td></td><td></td><td></td><td></td><td></td></tr>
<tr><td rowspan="2">2</td><td rowspan="2">进一步管控：
（1）挺身而出，大声喝止，先声夺人
（2）发现燃烧纸钱，扰乱了医院正常秩序，立即制止，防止发生火灾</td><td rowspan="2">8</td><td>A</td><td>动作全部正确</td><td></td><td></td><td></td><td></td><td></td><td rowspan="2"></td></tr>
<tr><td>B</td><td>动作有个别不正确</td><td></td><td></td><td></td><td></td><td></td></tr>
</table>

续表

评价要素		配分	等级	评分细则	评定等级					得分
					A	B	C	D	E	
2	（3）语言控制，态度缓和，以身体阻挡行为人，保护医护人员 （4）现场提醒行为人降温情绪，冷静理智，控制行为人行动 （5）控制持棍棒刀的手腕，抢夺其凶器 （6）利用橡皮保安棍防身，发动群众，努力控制对方 （7）拦截队形的手挽手队形、臂挽臂队形和拉腰带队形规范 （8）应对暴力袭击时，发挥团队优势、合力制敌，体现“同进”的合力效果 （9）应对暴力袭击时，发挥团队优势、合力制敌，体现“同退”的合力效果 （10）应对暴力袭击时，发挥团队优势、合力制敌，体现“同控”的合力效果 （11）控制续接紧凑、上下配合，具有反击制伏的意识	8	C	动作有部分不正确						
			D	动作大部分不正确						
			E	放弃或缺考						
3	善后处置： （1）保护和抢救伤员 （2）保护现场 （3）说服亡者家属将遗体移送至太平间 （4）将控制对象交予公安民警处置 （5）报告处置过程和结果	4	A	动作全部正确						
			B	动作有个别不正确						
			C	动作有部分不正确						
			D	动作大部分不正确						
			E	放弃或缺考						
合计配分		20	合计得分							

考评员（签名）：

等级	A（优）	B（良）	C（及格）	D（较差）	E（放弃或缺考）
比值	1.0	0.8	0.6	0.2	0

“评价要素”得分 = 配分 × 等级比值。

附录

应用体技能和装备使用训练

一、应用体能

1. 队列

（1）“立正”动作要领。两脚跟靠拢并齐，两脚尖向外分开约60°；两腿挺直；小腹微收，自然挺胸；上体正直，微向前倾；两肩要平，稍向后张；两臂自然下垂，手指并拢微屈，拇指尖贴于食指的第二节，中指贴于裤缝；头要正，颈要直，口要闭，下颌微收，头稍向上，眼睛注视前一名队员的帽子的中心处。

（2）“稍息”动作要领。左腿提跨，左脚顺脚尖方向伸出约全脚的2/3，脚尖着地，两腿自然伸直，上体保持立正姿势，身体重心大部分落于右脚。稍息过久，可自行换脚，出脚、收脚要迅速，无擦地声。

（3）“跨立”动作要领。左脚向左跨出约一脚之长，两腿自然伸直，上体保持立正姿势，身体重心落于两脚之间。两手后背，左手握右手腕，右手手指并拢、自然弯曲，手心向后。右手手形与齐步走时的手形相同，双手放于内腰带上部，外腰带下部。

（4）“停止间转法”动作要领

1）向右（左）转：听到向右（左）转的口令，以右（左）脚跟为轴，右（左）脚跟和左（右）脚掌前部同时用力，身体和脚一致向右（左）转90°，体重落于右（左）脚，左（右）脚取捷径迅速靠拢右（左）脚，呈立正姿势。

2）向后转：听到向后转的口令，按向右转的要领向后转体180°。

（5）“齐步与立定”动作要领。当听到“齐步走”的口令，左脚向正前方迈出约75厘米，按照先脚跟、后脚掌的顺序着地，同时身体中心前移，右脚照此法动作。上体正直，微向前倾；手指轻轻握拢，拇指贴于食指第二节；两臂前后自然摆动，向前摆臂时，肘部弯曲，小臂自然向里合，手心向内稍向下，拇指根部对正衣扣线，并与最下方衣扣同高，离身约25厘米；向后摆臂时，手臂自然伸直，手腕前侧距裤缝线约30厘米。行进速度每分钟116～122步。

听到“立定”的口令，左脚再向前大半步着地（约50厘米，脚尖向外约30°），两腿挺直，右脚取捷径迅速靠拢左脚，呈立正姿势。

（6）“敬礼”动作要领。听到“敬礼”的口令后，上体正直，右手取捷径迅速抬起，五指并拢自然伸直，中指接近帽檐右角前约2厘米处（戴无檐帽或不戴军帽时接近太阳穴，与眉同高），手心向下，微向外张（约20°），手腕不得弯曲，右大臂略平，与两肩略成一线，同时注视受礼者。听到“礼毕”的口令，将手放下，呈立正姿势。

2．体能

（1）跳十字

【操作内容】受测者在十字方格（1米×1米，见附图1）内，用站立方式，依照1→2→3→4→1的顺序起跳。每跳回原点算一次记数，如果顺序跳错则不记数。如果踩线也不记数。测试标准见附表1。

【操作要求】按规定顺序双脚同时跳，不能踩线，在2分钟时间内完成。

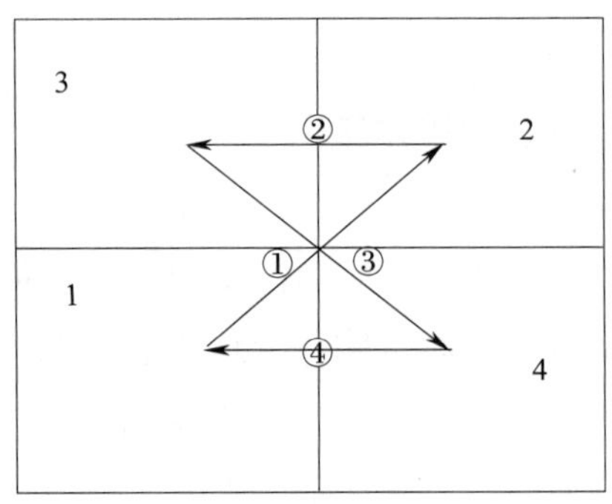

附图1　十字方格

附表1　　测试标准　　单位：次/分钟

项目 年龄	跳十字	
	男	女
30以内	20	18
30～40岁	18	16
41～50岁	16	14
51岁以上	14	12

（2）俯卧撑

【操作内容】双手支撑身体，双臂垂直于地面，两腿向身体后方伸展，依靠双手和两个脚的脚尖保持平衡，保持头、脖子、后背、臀部以及双腿在一条直线上。

【动作重点】全身挺直，平起平落。两个肘部向身体外侧弯曲，身体降低到基本靠近地面。收紧腹部，保持身体在一条直线上，持续1秒钟，然后恢复原状。测试标准见附表2。

【操作要求】全身挺直，平起平落，在2分钟时间内完成。

附表 2　　测试标准

等级	评分细则
A	≥30 次
B	≥16 次
C	≥12 次
D	<12 次
E	放弃或缺考

二、防卫擒技术

1．提腕下折

【动作要领】从对方背后接近，用左手虎口朝前推抓其右腕，同时右手向后拍搂其右肘窝，随即，屈肘上抬，左手拇指抵住其手心，四指扣压其手背并用力向回按压，左臂屈肘夹紧并前顶，呈直臂控制，见附图 2。

【操作要求】推抓准确，回按有力。

附图 2　提腕下折

2．别肘拉发

【动作要领】对方右手抓住我方右肩衣领时，我方立即左臂屈肘，左手扣握住对方右手背，同时右臂屈肘上举从其右臂上穿过，小臂由其右臂下穿过，别住对方右肘关节。别肘的同时，右手抓住其胸前衣领，左手由后拉其头发将其制服，见附图 3。

【操作要求】抓握、别肘到位，拉发、抓胸有力。

3．携腕别臂

【动作要领】别臂按压，身体紧贴其臂肘，右手牵拉其右手掌，顺势转体撤步将其拉倒，呈俯身压颈控制，见附图 4。

【操作要求】抓腕、折腕迅速，转身、别臂协调。

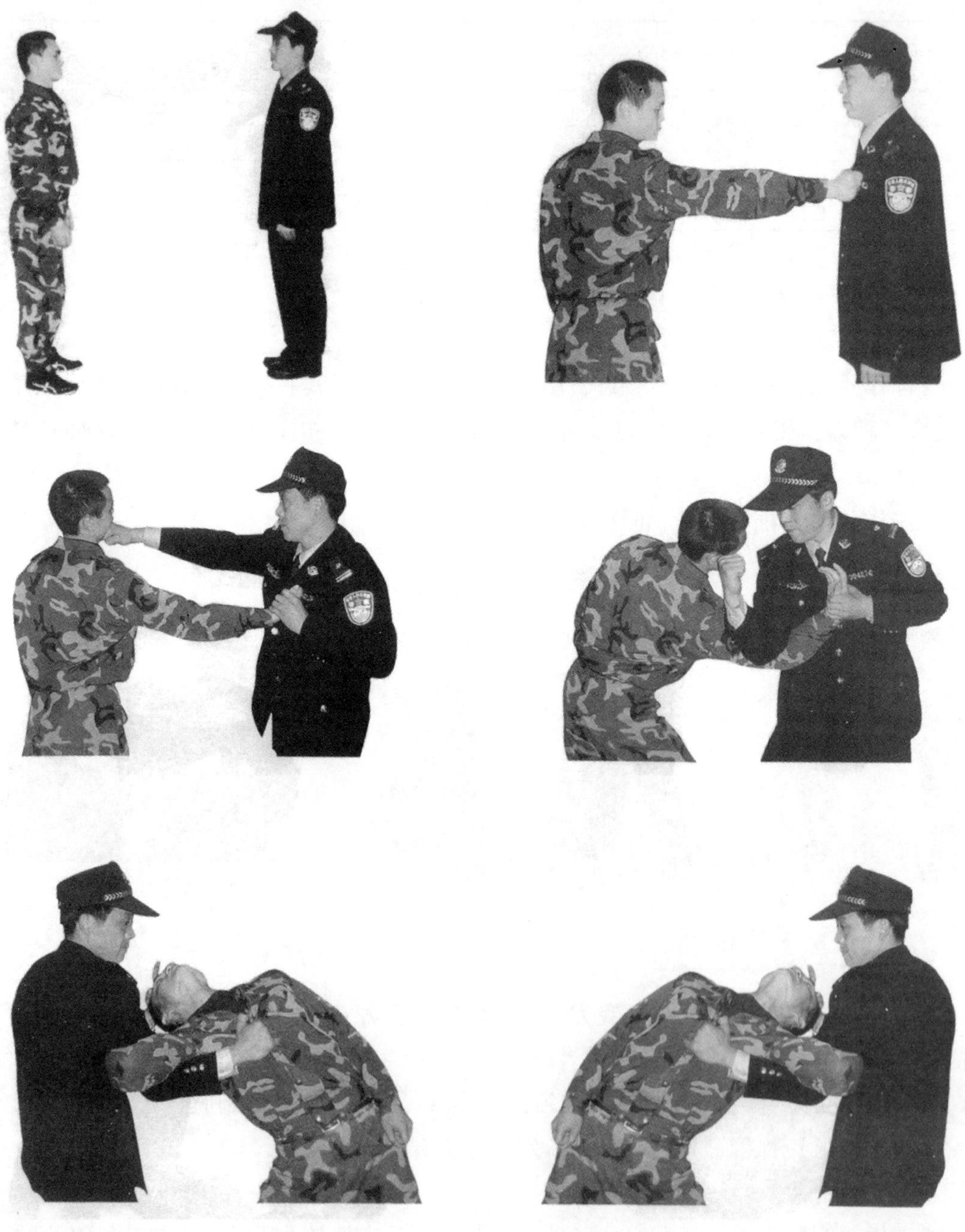

附图3　别肘拉发

附图4　携腕别臂

4. 别臂锁肘

【动作要领】左手抓握其右手腕上拉，右手拖拉其右肘关节，迫其右臂弯曲，左臂由其右臂上伸过，再由右大臂下穿出，用左小臂及腋下夹住其右臂。押解时，左小臂上抬，右手托其右肘关节，与对方身体平行，见附图5。

【操作要求】左拉、右托协调，穿臂、上提迅速。

5. 双臂叉挡防下

【动作要领】当对方持匕首由下方刺来时，我方左脚后撤半步，双臂相叠，呈十字状叉挡在对方右小臂上。同时左脚向前一步，右手向后下方扳压对方肘部，左手顺势上穿扣压其肩背部，并以肘臂别住其小臂，迫其屈腰俯身。右手随即将其右手翻腕抓握，见附图6。

附图5　别臂锁肘

附图6　双臂叉挡防下

【操作要求】叉挡、转体准确迅速，扣压、撬别到位有力。

6．接中高鞭腿

动作要领：接左鞭腿（中高腿），基本姿势起，双拳变掌、右手往前上左手往前下，掌心相对，身体右转、右手向下左手向上合击卡住来腿，同时双手顺腿来方向缓冲。（接右腿时左转身）

【操作要求】变掌转身，双臂卡紧。

7. 接低鞭腿

【动作要领】基本姿势起，左膝上提、小腿自然外翻，同时左手下放至左脚踝处。

8. 单臂架挡防上

【动作要领】当对方持斧由上方砍来时，我方左脚向前上步，左小臂上架格挡对方右小臂。同时右手扳拉对方肘部，迫其屈肘，右脚向前一步，右手顺势穿入对方肘弯，撬别其右小臂，左手翻掌抓握其右手掌腕部，迫其屈腕成后仰状，见附图 7。

【操作要求】扣压、撬别到位有力。

附图 7 单臂架挡防上

9. 单臂抓握解脱

【动作要领】当对方右手由上往下抓握我方右小臂时，我方右手臂由下往上用力回拉，同时身体右转，以解脱对方的抓握，见附图 8。

操作要求：回拉用力、及时。

附图 8 单臂抓握解脱

10．双臂抓握解脱

【动作要领】当对方持匕首由下方刺来时，我方左脚后撤半步、双臂相叠，呈十字状叉挡在对方右小臂上。同时左脚向前一步，右手向后下方扳压对方肘部，左手顺势上穿扣压其肩背部，并以肘臂别住其小臂，迫其屈腰俯身，右手随即将对方右手翻腕抓握。

【操作要求】叉挡、转体准确迅速，扣压、撬别到位有力。

三、保安装备使用

1．短保安棍盾牌进攻

动作一：垫步前戳。

【要求】垫步要快，戳击要准，上步与戳击要连贯协调，一气呵成。

【用途】戳击目标腹部。

【要领】

（1）格斗式准备（见附图 9a）。

（2）左脚上步呈左弓步，同时左手持盾牌向前格挡（见附图 9b 和 9c）。

（3）盾牌弓步格挡时，右手持短保安棍迅速由身体右侧向目标腹部戳击，两眼目视前方目标（见附图 9d）。

（4）垫步前戳动作完成（见附图 9e）。

附图 9　短保安棍盾牌进攻——垫步前戳分解图

动作二：上步抡砸

【要求】下蹲稳重，抡臂有力，下砸要猛。

【用途】攻击目标腿、膝部。

【要领】

（1）格斗式准备（见附图 10a）。

（2）左脚上步呈左弓步，同时左手持盾牌上前格挡，右手上举短保安棍（见附图 10b 和 10c）。

（3）右手持短保安棍，迅速由身体右侧向目标腿、膝部抡臂下砸（见附图 10d）。

（4）上步抡砸动作完成（见附图 10e）

附图 10　短保安棍盾牌进攻——上步抡砸分解图

动作三：反手抡砸

【要求】上步要快，反手抡臂迅速，下砸有力。

【用途】攻击目标腿、膝部。

【要领】

（1）格斗式准备（见附图 11a）。

（2）左脚垫步呈左弓步，同时左手持盾牌格挡目标攻击（见附图 11b）。

（3）右手持短保安棍，迅速由身体左侧反手抡臂下砸目标腿、膝部（见附图 11c 和 11d）。

（4）反手抡砸动作完成（见附图 11e）。

附图 11　短保安棍盾牌进攻——反手抡砸分解图

2. 短保安棍格挡

动作一：上步格挡

【要求】握棍要紧，弓步要稳，迎击迅速，格挡精准。

【用途】抵御歹徒持械由正前方上砍进攻。

【要领】

（1）格斗式准备（见附图 12a）。

（2）左脚上步呈左弓步，身体略向前倾，右手紧握短保安棍末端，左手紧握短保安棍前端（见附图 12b 和 12c）。

（3）双手紧握短保安棍以顶举动作格挡歹徒正面上方的持械攻击（见附图 12d 和 12e）。

（4）上步格挡动作完成（见附图 12f）。

a） b） c） d） e） f）

附图 12 短保安棍格挡——上步格挡分解图

动作二：左格挡

【要求】握棍要紧，弓步要稳，迎击迅速，格挡精准。

【用途】抵御歹徒持械由左侧横扫进攻。

【要领】

（1）格斗式准备（见附图 13a）。

（2）左脚上步呈左弓步，身体略向前倾，右手紧握短保安棍末端，左手紧握短保安棍前端（见附图 13b 和 13c）。

（3）双手紧握短保安棍，双臂平行向身体左侧，竖棍格挡歹徒持械进攻（见附图 13d）。

（4）左格挡动作完成（见附图 13e）。

附图 13　短保安棍格挡——左格挡分解图

动作三：右格挡

【要求】握棍要紧，弓步要稳，迎击迅速，格挡精准。

【用途】抵御歹徒持械由右侧横扫进攻。

【要领】

（1）格斗式准备（见附图 14a）。

（2）左脚上步呈左弓步，身体略向前倾，右手紧握短保安棍末端，左手紧握短保安棍前端（见附图 14b 和 14c）。

（3）双手紧握短保安棍，双臂平行向身体右侧，竖棍格挡歹徒持械进攻（见附图 14d）。

（4）右格挡动作完成（见附图 14e）。

附图 14　短保安棍格挡——右格挡分解图